北京交通大学"一带一路"专题系列丛书

"一带一路"

倡议下"走出去"产业选择与投资模式研究

卜 伟 于晓萍 罗云云 等著

Research on Industry Selection
and Investment Mode of OFDI
under "the Belt and Road Initiative"

中国财经出版传媒集团

经济科学出版社
Economic Science Press

图书在版编目（CIP）数据

"一带一路"倡议下"走出去"产业选择与
投资模式研究/卜伟等著．—北京：经济科学
出版社，2019.6
　ISBN 978 - 7 - 5218 - 0587 - 1

　Ⅰ.①—⋯　Ⅱ.①卜⋯　Ⅲ.①对外投资 - 投资模式 -
研究 - 中国　Ⅳ.①F832.6

中国版本图书馆 CIP 数据核字（2019）第 106292 号

责任编辑：杨　洋
责任校对：王肖楠
责任印制：范庭赫

"一带一路"倡议下"走出去"产业选择与投资模式研究
卜　伟　于晓萍　罗云云　等著
经济科学出版社出版、发行　新华书店经销
社址：北京市海淀区阜成路甲 28 号　邮编：100142
总编部电话：010 - 88191217　发行部电话：010 - 88191522
网址：www. esp. com. cn
电子邮件：esp@ esp. com. cn
天猫网店：经济科学出版社旗舰店
网址：http：//jjkxcbs. tmall. com
北京季蜂印刷有限公司印装
710 × 1000　16 开　13 印张　205000 字
2019 年 7 月第 1 版　2019 年 7 月第 1 次印刷
ISBN 978 - 7 - 5218 - 0587 - 1　定价：45. 00 元
（图书出现印装问题，本社负责调换。电话：010 - 88191510）
（版权所有　侵权必究　打击盗版　举报热线：010 - 88191661
QQ：2242791300　营销中心电话：010 - 88191537
电子邮箱：dbts@ esp. com. cn）

其他作者（按照姓氏汉语拼音首字母排序）

王雨薇　王子威　张　微

中央高校基本科研业务费专项资金资助
（项目批准号：2016JBWZ005）

前言

　　经济全球化背景下，中国企业"走出去"已成为必然趋势。一方面，当前中国经济运行现状需企业面向国际市场，化解钢铁、水泥等行业的产能过剩问题；另一方面，"一带一路"沿线国家具有吸收海外投资的强烈愿望，希望通过引进海外投资获得资本、技术和管理经验等促进经济发展。在这种形势下，国家主席习近平提出了"一带一路"倡议，推动中国企业与沿线国家共建合作区，为企业"走出去"提供了更大范围、更广领域、更高层次的国际合作与竞争的舞台。

　　"一带一路"倡议下，中国企业"走出去"既面临广阔机遇，又面临诸多挑战。首先，中国企业海外投资的环境较为复杂。"一带一路"沿线国家在政治制度、经济体制、文化环境、历史背景等诸多方面存在较大差异，容易造成中国企业对东道国国情把握不够准确，进而导致投资风险评估不足。其次，企业"走出去"的产业选择受多种因素影响。中国企业在进行产业选择时，需要将东道国的整体投资环境以及母国产业政策和产业发展的特点等考虑在内，选择与国内产业关联性强、匹配度高的产业，使"走出去"的产业能够与东道国的经济发展良好结合，从而实现合作共赢的目标。最后，企业"走出去"投资模式不易把握。企业在选择投资模式时会受到政治、文化和制度等方面的影响，如何选择合适的投资模式也是企业"走出去"时面临的一大难题。

　　"一带一路"倡议提出年限较短，现有研究虽然涉及产业选择、对外投资面临的机遇和风险等问题，但缺乏较为系统的理论体系。本书的研究围绕"一带一路"倡议，对中国企业"走出去"可能面临的诸多风险进行分析与识别，并综合考虑企业对外投资决策的四种动因（寻求市场、寻求资源、寻求效率和寻求战略性资产）确定合适的产业选择，同时基于政治距离、文化距离和制度距离，对"一带一路"沿线国家投资模式的选择问题进行了量化分析，更加全面地考虑了投资模式的影响因素，对中国企业"走出去"的风险控制、产业选择和投资模式选择提供了较为全面的参考。

研究基于提出问题—分析问题—解决问题的思路，从宏观层面对国家风险的识别、中观层面对产业投资方向的判定以及微观层面对企业投资模式的确定三个维度展开研究。虽然不同维度、不同视角的分析各有侧重，但三个维度之间仍是相互联系、相互影响的。在宏观层面，借鉴 PEST 分析方法，从政治风险、经济风险、社会风险和技术风险四个方面对中国企业在"一带一路"沿线国家进行投资所面临的国家风险进行识别；在中观层面，先分析"走出去"过程中投资方向的影响因素，基于国际贸易理论、产业经济理论等基础，利用面板回归和灰色关联分析法对投资产业选择及影响因素进行判断；在微观层面，基于政治距离、文化距离和制度距离实证探讨了企业在海外直接投资过程中如何进行投资模式的确定。最后，在上述基础上，分析中国境外经贸合作区与对外承包工程现状，分别总结国有企业和民营企业在"走出去"过程中的案例，侧重梳理不同企业在行业选择、投资模式和合作方式等方面的经验，进一步针对企业层面的投资模式选择进行分析，为促进中国企业更好地"走出去"提出对策建议。

进一步研究发现，在中国企业"走出去"过程中，要特别重视政治和社会等风险的评判与防控。同时，东道国的资源禀赋、市场规模和战略地位对中国对外投资产业选择具有显著的影响。对于具体产业选择，中国对外投资优先选择交通运输、仓储和邮政业、采矿业、金融业、信息传输、软件和信息技术服务业等产业才能更好地促进国内产业结构升级。当然，由于中国与沿线各国之间存在较大差异，企业要根据实际情况针对不同区域采取不同的投资模式。

研究以当前现实问题为出发点，将理论分析与实践经验相结合，有助于从更加全面、更加理性的视角对"一带一路"倡议进行深入理解，为中国企

"走出去"的产业选择和投资模式的确定提供更有价值的科学分析和理论补充，对于"一带一路"建设具有非常重要的现实意义。

　　随着中国在全球经济分工中参与度的不断提高，中国政府和企业一直在探索与反思中努力推动区域合作共赢局面的实现。在这个过程中，海外投资环境和风险的分析、产业选择与投资模式分析将越来越值得国内外学者关注。

作者

2019 年 1 月 14 日

目录
Contents

第1章
绪　论

1.1　研究背景

　　"一带一路"（the belt and road，B&R）是"丝绸之路经济带"和"21 世纪海上丝绸之路"的简称。2013 年 9 月和 10 月，中国国家主席习近平在出访中亚和东南亚国家期间，先后提出建设"丝绸之路经济带"和"21 世纪海上丝绸之路"的合作倡议，引发国际社会的高度关注。2014 年 3 月，李克强总理在《政府工作报告》中提出，开创高水平对外开放新局面，抓紧规划建设"新丝绸之路经济带""21 世纪海上丝绸之路"，推进孟中印缅经济走廊和中巴经济走廊建设，推出一系列重大支撑项目，加快基础设施互联互通，拓展国际经济技术合作新空间。同年 11 月，在亚太经合组织（APEC）北京峰会期间，中国宣布成立亚洲基础设施投资银行和丝路基金，以支持和加强"一带一路"沿线国家之间的互联互通建设。2014 年 12 月的中央经济工作会议上，中央提出要重点实施"一带一路"建设、京津冀协同发展、长江经济带三大战略，促进区域协调发展。2015 年 3 月 28 日，国家发展改革委员会、外交部和商务部联合发布《推动共建丝绸之路经济带和 21 世纪海上丝绸之路的愿景与行动》，由此宣布"一带一路"倡议进入全面推进阶段。"一带一路"倡议依靠中国与有关国家既有的双多边机制，借助既有的、行之有效的区域合作平台，积极发展与沿线国家的经济合作伙伴关系，推动沿线各国实现经济政策协调，开展更大范围、更高水平、更深层次的区域合作，共同打造开放、包容、均衡、普惠的区域经济合作架构。

随着全球经济合作的不断深化，"一带一路"沿线国家有着吸收海外投资的强烈愿望。一直以来，海外投资能在资本、技术和管理经验等诸多方面助力东道国的经济增长和社会发展已得到理论和实践验证，而"一带一路"沿线国家是欧美等发达国家进行海外投资的焦点区域。但是，在 2008 年全球金融危机之后，全球主要发达国家经济严重受损，对外投资规模呈现收缩趋势。在全球经济复苏的过程中，"一带一路"沿线国家以及其他发展中国家都对吸引海外投资表达了强烈意愿。为吸引更多投资，各国也纷纷出台各项政策，创建更为宽松的投资环境和广阔的投资渠道。根据商务部对外投资和经济合作司公布的数据，仅 2017 年，中国企业对"一带一路"沿线中 59 个国家的非金融类直接投资就达到 143.6 亿美元，较 2003 年的水平增长超过 30 倍，主要投向新加坡、马来西亚、老挝、印度尼西亚、巴基斯坦、越南、俄罗斯、阿联酋和柬埔寨等国家。在对外承包工程方面，中国企业面向"一带一路"沿线的 61 个国家新签对外承包工程合同 7 217 份，新签合同金额达 1 443.27 亿美元。[①]

2017 年召开的"一带一路"国际合作高峰论坛，达成了深化项目合作、促进设施联通、扩大产业投资、加强金融合作等一系列重要成果，丝路基金、国家开发银行、进出口银行等金融机构提供超过几千亿人民币的资金支持。截至 2017 年 12 月 22 日，中国已与 86 个国家和国际组织签署了 100 份"一带一路"相关文件。目前，"一带一路"建设已与哈萨克斯坦"光明之路"、巴基斯坦"愿景 2025"、老挝"变陆锁国为陆联国"、越南"两廊一圈"、印度尼西亚"全球海洋支点"等国家发展战略对接。"一带一路"相关的多双边国际合作为相关项目提供了支持，为中国对外承包工程业务的发展提供了难得的机遇。

从"一带一路"沿线国家吸引外商直接投资（FDI）的趋势来看，各国在工程机械、铁路、电力、港口等领域的投资需求较大。为吸引更多的投资，各国也在不断改善投资环境，如印度为了弥补国内投资不足的问题，调整了外资

---

① 中华人民共和国商务部官网：《2017 年我国对"一带一路"沿线国家投资合作情况》http://www.mofcom.gov.cn/article/tongjiziliao/dgzz/201801/20180102699459.shtml。

投资领域，放宽了审核难度；泰国政府也通过放宽外资在制造业中的参股比例，以及取消进出口限制等手段为境外投资者创建更为宽松的投资环境。但是，一些国家仍然未从2008年金融危机的影响中完全恢复，出现FDI负增长的情况。在这样的背景下，"一带一路"沿线的很多国家都对中国政府提出的"一带一路"倡议表示欢迎，并愿意积极展开合作，实现共赢。

改革开放以来，中国经济发展一直坚持对外开放的基本国策，当前中国经济运行现状表现为进一步鼓励中国企业"走出去"，面向国际市场，转移部分生产能力。目前，中国经济处于新常态，需要调整经济结构以促进经济转型，需要扩大内需驱动消费引擎以寻找经济新动能，同时也要保持一定的经济增长速度和发展水平，并且兼顾产业升级和确保就业稳定。因此，在未来的发展形势下，中国需要进一步扩大对外投资。2009年，国家发展和改革委员会、工业和信息化部联合发布《关于抑制部分行业产能过剩和重复建设引导产业健康发展的若干意见通知》明确指出，我国在钢铁、水泥、平板玻璃、煤化工、多晶硅以及风电设备等行业存在明显的产能过剩问题。从国际经验来看，化解产能过剩的有效路径之一就是将过剩的产能转移到国际市场。如第二次世界大战后，美国通过"马歇尔计划"帮助欧洲国家实现战后重建，通过向西欧国家提供食物、设备、原材料工程、技术以及贷款等多方面的援助，对西欧国家的重建起到了重要作用。这一计划也增加了美国的出口，化解了美国的过剩产能，为美国开拓了更大的全新市场空间。到了20世纪80年代，日本面对产能过剩问题时，也采取了将制造业过剩产能向中国、东亚和亚洲"四小龙"（韩国、中国台湾、中国香港和新加坡）等国家和地区进行投资转移的方式。因此，"一带一路"倡议为中国企业"走出去"提供了更广阔的平台和路径。

与此同时，2008年全球金融危机后，发展中国家在全球经济格局中发挥着越来越重要的作用。近年来，中国企业"走出去"势头强劲，在全球经济发展中产生了一定的影响力，且"一带一路"倡议为中国企业提供了更加宽广的国际合作舞台。中国共产党第十七次全国代表大会报告中明确提出，"坚持对外开放的基本国策，把'引进来'和'走出去'更好地结合起来，扩大开放领域，优化开放结构，提高开放质量，完善内外联动、互利共赢、安全高效的开放型经济体系，形成全球化条件下参与国际经济合作和竞争的新优势。"而事实上,中国近年来也在不断探索实现中国经济社会长远发展,促进与世界各国共同发展的有效途径,中国企业"走出去"是中国重要的发展战略,也是中国企业参与经济全球化的重要路径。国家发展和改革委员会 2017 年发布的《中国对外投资报告》的统计数据显示,仅 2002 ~ 2016 年,中国对外投资流量的年均增长率达 35.8%,投资存量在 2007 年首次突破千亿美元,到 2016 年已经攀升至 13 573.9 亿美元。从全球排名来看,中国对外投资存量从 2002 年的全球第 25 位,已经上升至 2016 年的第 6 位,在"引进来"和"走出去"双重思维的引导下,中国在全球经济分工中的参与度越来越高。"一带一路"倡议为中国企业"走出去"提供了更大范围、更广领域、更高层次的国际合作与竞争的平台。中国企业在"走出去"的过程中也将发挥更多优势,这不仅顺应了当前世界经济发展的新趋势,也为全球经济的发展提供了更多可能性。

"一带一路"倡议下,中国企业"走出去",既面临广阔机遇,又面临诸多风险。近年来,随着海外投资规模的不断扩大,中国企业"走出去"的过程中不断受到国际经济政治局势和国际关系的影响,例如,长虹在美国遭遇巨额欺诈事件、首钢收购秘鲁铁矿失利事件、中铝海外收购巨额亏损事件等。这些都表明,随着中国参与全球经济分工的加深,中国企业在海外投资过程中还将面临诸多不确定性因素。"一带一路"沿线国家在政治制度、经济体制、文化环境、历史背景等诸多方面存在较大差异,中国企业海外投资的环境较为复杂,投资风险不容忽视。"走出去"战略实施以来,中国企业在海外投资实践过程中遇到诸多困难,这些问题在"一带一路"沿线国家可能会更加复杂。因此,对中国企业"走出去"可能面对的风险进行预判,是进一步厘清投资思路和投资模式的前提与基础,本书的研究将为此作出一定贡献,提供更加全面、更加严谨的决策依据。

本书结合当前全球经济格局发展新形势,基于国内经济发展新常态的背景,针对"一带一路"倡议下中国企业对外直接投资的国家风险识别、投资方向预判以及投资模式选择等一系列问题进行深入分析,进一步梳理中国企业"走出去"过程中可能面临的发展机遇与重大挑战,并尽可能为中国企业"走出去"提供更多的决策依据和应对策略。

1.2 研究意义

本书是在现有研究成果的基础上进一步展开的。通过对"一带一路"倡议下中国企业"走出去"可能面临的诸多风险进行分析与识别,从而对中国企业"走出去"产业选择和投资模式的确定提供决策依据和参考。研究意义主要体现在以下几方面。

1.2.1 理论意义

一方面,有助于从更加全面、更加理性的视角对"一带一路"倡议进行深入理解。本书从政治、经济、社会和技术等角度分析了"一带一路"倡议下中国企业"走出去"所面临的国家风险,并在此基础上梳理了"一带一路"倡议提出的历史背景和现实背景,回顾了现有理论研究的诸多成果,从而更加全面地对"一带一路"倡议下中国企业"走出去"的投资环境、合作领域、投资模式等问题进行深入思考和探讨。

另一方面,对企业"走出去"过程中产业选择和投资模式的确定提供了更有价值的科学分析和理论补充。事实上,对于企业进行海外投资的风险识别与控制的研究成果不断丰富,很多研究从数据论证、案例分析等视角展开,对理论研究和投资实践都提供了重要的决策参考。但现有研究往往将发展中国家作为海外投资的接受国,将发达国家作为海外投资的输出国,而忽视了当前发展中国家在海外投资中的新趋势。新时期,"一带一路"倡议给中国企业海外投资带来了更大的市场空间,更加复杂的投资环境,也带来更加丰富的合作空间和更加多元的合作模式。因此,本书也着重分析了新形势下,中国企业在"走出去"的过程中应如何进行合作领域和投资模式的选择。

1.2.2 现实意义

"一带一路"倡议为中国企业"走出去"带来了新的发展机遇和合作空

间，但是"一带一路"沿线国家中也有当今世界较为动荡的区域以及各大国博弈的焦点地区。同时，由于民族冲突、地区冲突甚至恐怖活动频发，"一带一路"沿线地区的投资环境并不理想，中国企业在对"一带一路"沿线国家进行投资的过程中，可能会面临诸多风险和较为严峻的挑战。本书主要是对中国企业"走出去"过程中在政治、经济、社会和技术等方面可能面临的国家风险进行识别，对海外直接投资的产业方向进行判定，并在此基础上对中国企业海外直接投资模式的确定提供更多决策依据，具有非常重要的现实意义。

本书的现实意义还体现在对中国当前经济形势和海外投资风险的识别，更加深入而客观地对我国经济安全问题进行思考。"一带一路"倡议是我国当前优化经济发展空间格局三大战略中唯一的对外战略，与其他两大战略一样都将对中国未来经济发展格局产生非常深刻的影响。对于中国海外投资东道国的资源条件、产业形态和投资模式的分析将有助于改善中国企业投资的效果，进而对中国当前产业结构升级和产能优化产生重要影响。而随着中国在全球经济分工中参与度的不断提高，中国与全球发展的联系日益紧密。对于海外投资环境和风险的分析，对于"一带一路"倡议所带来的发展机遇的把握，都将以对国内经济形势的把握和分析作为基础，也将对国内经济未来发展趋势和走向的分析作出更有意义的引导。

1.3　研究方法

本书是基于现有研究成果展开的，重点整理了国内外关于海外直接投资的国家风险识别、直接投资产业类型和投资模式等领域的相关文献，重点对"一带一路"倡议下中国企业可能面临的新形势、新问题、新路径等进行探讨。在研究方法上，主要采用案例分析法、实证分析法和定量分析法。

1. 案例分析法

在对外投资模式选择的研究过程中，本书对国有企业和民营企业的海外投资实践进行案例分析，结合海外并购，工业园区建设的背景、流程和模式进行有针对性的梳理，总结共性规律，为中国企业顺利"走出去"提供决策依据。

2. 实证分析法

本书在中观层面的产业方向判定和微观层面的投资模式确定两部分均进行了实证分析，增强了文章的说服力。在中观层面上，实证探讨了中国企业"走出去"产业选择影响因素问题，并进一步运用灰色关联分析法，分析了中国企业海外投资具体的产业选择；在微观层面上，建立多元 Logit 回归模型实证探讨中国企业投资模式的选择，确定了投资模式选择次序的问题，为中国企业"走出去"提供了理论参考。

3. 定量分析法

定量分析法是本书采取的主要方法。首先，为对比分析"一带一路"倡议提出前后海外投资的变化，本书收集整理了相关统计指标数据，为研究提供数据支持和理论指导；其次，对于国家风险识别与评估，本书利用定量分析法来量化、比较不同地区风险的大小，增强了文章的可靠性；最后，在探究中国企业对外投资产业选择与投资模式过程中，均收集整理了大量相关数据，为研究结果提供分析依据。

1.4　创新点

本书围绕理论分析与实践经验展开，力求做到理论与实践相结合，总体来看，研究工作的创新点主要体现在以下三个方面：

一是研究内容上，本书选题是当前海外投资的热点话题，对于国家风险的识别和产业模式的选择以及当前"一带一路"建设具有非常重要的现实意义。本书从现有研究成果的梳理和总结出发，对当前在"一带一路"沿线国家开展的投资合作的现实经验进行反思，更加清晰地总结了企业"走出去"过程中面临的国家政治风险、经济风险、社会风险和技术风险，突出新时期的新变化、新问题、新特点。

二是研究框架上，本书以当前现实问题为出发点，遵循发现问题—提出问题—分析问题—解决问题的思路，在最新理论研究成果的基础上，从宏观层面的国家风险识别、中观层面的产业方向判定，到微观层面的企业投资模式选择三个层面构建分析框架，为中国企业"走出去"的产业选择和投资模式的确定提供分析依据和决策参考。

三是研究方法上，综合采用定量分析、实证分析和案例分析方法对问题展开深入研究，确保研究方法的科学合理，研究结论的可靠严谨。

1.5 本书的结构安排与主要内容

本书基于国际贸易理论、产业经济理论等理论基础，对"一带一路"倡议下中国企业"走出去"过程中的产业选择和投资模式进行了深入分析。"一带一路"倡议的提出，给中国企业"走出去"带来更广阔的市场空间，也带来更多的风险和挑战。研究从宏观层面、中观层面和微观层面展开。在宏观层面，利用 PEST 方法，从政治风险、经济风险、社会风险和技术风险角度剖析中国企业"走出去"可能遇到的国家风险；在中观层面，本书总结当前中国海外投资的现状、主要影响因素，提供了中国企业"走出去"的产业发展方向和研判思路；在微观层面，探讨了企业投资模式的影响因素，通过分析当前中国企业"走出去"的经典案例，系统梳理和总结出国有企业和民营企业"走出去"过程中面临的共性问题及存在的不同挑战。全书共分为 9 章，结构安排与主要内容如下。

第 1 章，绪论。本章从现实出发，介绍了本书的研究背景与研究意义，并阐述了研究方法和创新点，有助于全面了解本书的研究内容。

第 2 章，理论基础与研究进展评述。本章是本书的理论基础部分。首先，对"走出去"和"一带一路"倡议的提出提供理论依据；其次，整理对外投资产业选择和投资模式的理论基础与研究现状；再次，对国家风险的内涵、形成因素、识别方法等内容进行总结，并进一步梳理了"一带一路"倡议提出后沿线国家海外投资国家风险的理论研究成果。

第 3 章，"一带一路"倡议下对外投资模式选择的分析框架。本章构建了本书的理论分析框架，从对外投资主要影响因素的分析入手，确定了本书从宏观国家风险识别，到中观产业方向判定，再到微观投资模式选择的研究思路和框架。

第 4 章，中国企业境外投资历程与现状。首先，本章回顾了中国企业境外投资发展的基本历程，梳理总结了"走出去"的背景、现状和特点；其次，本章对"一带一路"倡议提出的背景、基本内涵做了简要总结和回顾；再次，本章对"一带一路"倡议沿线国家的投资情况进行了梳理，重点关注对沿线国家的投资规模、投资行业和投资模式等内容，并最终总结出当前中国企业在"一带一路"沿线国家投资所面临的困难和取得的成果。

第 5 章，国家风险的识别——宏观层面。本章是基于 PEST 方法展开的宏观层面的研究，从政治风险、经济风险、社会风险和技术风险四个方面对中国企业在"一带一路"沿线国家进行投资所面临的国家风险进行识别。

第 6 章，产业方向的判定——中观层面。首先，总结了中国企业对外投资的行业分布情况；其次，对中国企业"走出去"产业选择影响因素进行了实证分析，并进一步运用灰色关联分析法，探讨中国企业海外投资具体的产业选择；最后，通过测算"一带一路"沿线国家与中国的显示性比较优势指数，识别出中国与沿线区域在不同商品类别方面的比较优势，对"一带一路"沿线国家产业投资前景进行了探究，为中国企业海外投资进行行业选择和决策提供研判思路和分析依据。

第 7 章，投资模式的确定——微观层面。本章主要从微观层面确定中国企业对外投资模式的影响因素。首先，从理论分析入手，发现企业投资模式受政治距离、文化距离和制度距离的影响；其次，建立多元 Logit 回归模型实证探讨中国企业投资模式的选择问题；最后，得出结论并提出对策建议，为企业能够顺利地"走出去"提供了有益参考。

第 8 章，中国企业"走出去"投资合作模式。首先，总结梳理中国企业在"一带一路"沿线国家和地区投资过程中，在境外经贸合作区建设和对外承包工程项目中的发展现状和遇到的问题与挑战；其次，基于案例分析的方法，分别总结国有企业和民营企业在"走出去"过程中的经典案例，侧重梳理不同企业在行业选择、投资模式和合作方式等方面的经验，具有一定的现实意义。

第9章，总结与展望。总结本书的主要工作和贡献，指出研究不足和未来深入研究的空间与方向。

1.6　小结

目前，中国发展仍处于重要战略机遇期，需要调整经济结构以促进经济转型，同时需要面向国际市场以转移部分生产能力。因此，中国必须坚持对外开放的基本国策，夯实"一带一路"倡议，进一步鼓励中国企业"走出去"。但因境外投资风险不易评估、产业选择不易确定、投资模式不易把握等困难的存在，中国企业"走出去"既面临广阔机遇，又面临诸多挑战。因此，本书在最新理论研究成果的基础上，从宏观层面的国家风险识别，中观层面的产业方向判定，到微观层面的企业投资模式选择三个层面构建分析框架，对"一带一路"倡议下中国企业"走出去"的投资环境、合作领域、投资模式等问题进行深入思考和探讨，为中国企业"走出去"的产业选择和投资模式的确定提供分析依据和决策参考。研究方法上，综合采用案例分析法、实证分析法和定量分析法进行深入研究，确保方法上的科学合理，结论上的可靠严谨，对于国家风险的识别和产业模式的选择以及当前"一带一路"建设具有非常重要的现实意义。

第2章
理论基础与研究进展评述

2.1 对外投资产业选择与投资模式选择理论基础与研究进展

对外直接投资的产业选择是指在跨国投资过程中对东道国产业的选择问题。对于跨国企业而言，产业选择往往受到诸多因素的影响，是一个动态的决策过程。在进行产业选择的过程中，既要考虑东道国的整体投资环境，也要结合市场发展动态和前景，整体衡量投资决策的成本和收益。

同时，对外直接投资也要结合母国市场和产业发展的特点。如结合国家发展产业政策和战略方向，考虑鼓励哪些产业"走出去"可以更有利于本国产业结构的调整和升级，避免产业"空心化"，使"走出去"的产业能够与东道国的经济发展良好结合而实现共赢。

2.1.1 理论基础

1. 早期理论探索

早期的理论研究往往强调跨国投资要以本国具备一定的优势作为前提条件，同时利用对外直接投资来最大限度地发挥这一优势，因此，从本质上来说，早期的研究也是一种"优势利用理论"，这一理论的代表人物和理论观点主要有海默（Hymer，1960）的垄断优势理论、巴克利（P. J. Buckley）和卡森（Mark Casson）的内部化理论，以及邓宁（J. H. Dunning）的国际生产折衷理论。

垄断优势理论，是海默在《国内企业的国际经营：一项对外直接投资的研究》中首次提出的，认为可以用垄断和控制权优势解释美国跨国企业的对外投资行为。垄断优势理论基于不完全竞争市场假设，从成本收益分析的视角，对比跨国企业和东道国企业在东道国市场的成本和投资收益。这一理论指出，跨国企业在规模、资金、先进技术和管理经验等方面更具优势，但是在销售渠道、文化交流、交易费用和获取信息等方面面临更高的成本。

内部化理论，是巴克利和卡森等人于 1976 年在《跨国公司的未来》中提出的[①]，基于科斯的厂商理论和市场不完全竞争的基本假设，以发达国家的跨国企业为研究对象，解释了跨国企业在构建全球化生产销售网络的过程中如何将市场交易成本内部化的问题。该理论认为跨国企业在是否采取内部化方式实现境外投资和生产的决策过程中，往往需考虑市场环境等因素，因此该理论构建了三个基本假设：第一，东道国是不完全竞争市场，跨国企业对外直接投资行为以利润最大化为目的；第二，中间要素市场是不完全竞争市场，企业在东道国市场并不一定能够以最优价格获取所需生产要素；第三，跨国企业全球布局由其内部化需求决定。根据内部化理论，东道国产品市场和中间要素市场都是不完全竞争市场，即存在市场失灵的情况，跨国企业会面临交易成本过高、原材料和中间产品的采购和销售成本过高、渠道不畅等问题，较高的外部交易成本将迫使企业通过内部化的方式降低成本。

国际生产折衷理论，也被理解成为国际生产综合理论，是邓宁于 1977 年在《贸易、经济活动的区位与跨国企业：折衷理论方法的探索》中提出的。该理论将区位优势纳入分析框架，从宏观机制和微观行为两个层面分析了跨国企业对外直接投资的动机。国际生产折衷理论的研究框架和逻辑思路被概括为"三优势范式"，即跨国企业对外投资过程中所依赖的优势：所有权优势（ownership advantage，O）、内部化优势（internalization advantage，I）和区位

---

① 彼德·J. 巴克利·马克·卡森著，冯亚华，池娟泽：《跨国公司的未来》，中国金融出版社 2005 年版。

优势（location advantage，L）。与垄断优势理论和内部化理论一样，国际生产折衷理论也是基于东道国不完全竞争市场假设，认为跨国企业在东道国的投资要面临更高的成本，因此跨国企业的投资决策要从上述三个条件综合考虑，确定最佳投资方案：第一，所有权优势，即跨国企业是否对某项产品和技术拥有所有权，是否具备一定的垄断优势，这是对外直接投资能否获益的基本条件；第二，内部化优势，即当跨国企业面对较高成本时，能否通过内部化渠道获取市场，降低成本；第三，区位优势，即地理区位的邻近能实现市场需求、文化交流等方面的便利，区位优势是跨国企业对外直接投资的充分条件。

基于这一分析框架，邓宁（1981）进一步提出了对外直接投资方案的选择模型：如果跨国企业具备三个优势中的所有权优势，而缺乏内部化优势和区位优势，则可以通过让渡部分所有权获取技术管理权和使用收益；如果企业具有所有权优势，同时能够通过内部化渠道降低成本，即便不具备区位优势，也可以通过让渡所有权或出口贸易的方式实现海外市场扩展；如果企业同时具备三个方面的优势，那么应该通过有效整合采取直接投资的方式。

早期对外投资理论往往更多聚焦于发展中国家，也因此为发展中国家的众多企业提供了开拓国际市场的理论指导和发展思路。

2. 边际产业扩张理论

边际产业扩张理论，也被称为比较优势投资理论，是日本学者小岛清于1978 年在《对外直接投资论》中首次提出的。边际产业扩张理论解决了两个问题：一是对外直接投资的母国产业选择问题，即在对外直接投资过程中，应该推动哪些产业向外转移；二是如何选择对外直接投资的主体。对于第一个问题，小岛清认为，应该依据产业的边际收益或比较优势作出判断，对于那些边际收益较低的产业，应该向外转移；对于第二个问题，小岛清认为应该鼓励中小企业积极参与对外投资。

在《对外直接投资论》中，小岛清对 20 世纪 70 年代美国和日本企业的跨国投资行为进行总结，指出与美国跨国企业多为大型企业不同，日本对外投资的企业规模较小，因此，美国跨国企业获取了大量垄断收益，而日本中小企业对外投资则是以转移国内劣势产业为主要目的。

根据边际产业转移理论，对外直接投资产业应该是在母国市场边际收益递减的产业，但是这些产业在一些东道国可能是具有比较优势的产业，这也解释了发展中国家直接投资的动因，并说明比较优势其实是不断调整变化的，是动态的。

3. 动态比较优势投资理论

在对外直接投资产业选择方面的理论研究中，小泽辉智（Ozawa，1981）提出的动态比较优势投资理论影响深远。动态比较优势投资理论是小泽辉智（1981）在波特竞争优势理论的基础上，从动态比较优势的视角，以日本在1960～1970年的对外直接投资与经济发展之间的关系为例展开研究的。

动态比较优势投资理论的核心思想是跨国企业对外直接投资的优势并不是完全固定不变的，而是处于一种动态调整的过程中，因此，对外直接投资的产业选择也需要根据优势变化不断进行调整。对发展中国家而言，比较优势和经济发展条件发生变化时，产业结构和投资结构也将随之改变，同时在资本和技术的不断积累和进步的作用下，比较优势也会逐渐向资本密集和技术密集的产业转移。

在动态比较优势投资理论中，常以产业边际效益来体现产业比较优势。在对外直接投资中，边际效益较高的产业就被认为是具有较高比较优势的产业，但是在产业转移的过程中，只有部分特定要素能够跟随产业实现转移，而诸如劳动力、固定资产等要素则难以实现跨境流动。

因此，动态比较优势投资理论认为对外直接投资的产业选择应该是能发挥母国比较优势的产业，政府对这类产业应该加强支持力度。

4. 投资发展阶段理论

投资发展阶段理论，也称为投资发展周期理论，将对外直接投资的理论分析由企业和产业层面上升到宏观层面，不仅是对跨国企业对外直接投资行为进行的研究，也是将对外直接投资进一步上升到整个国家战略层面的研究。

投资发展阶段理论，由邓宁于1981年在《解释不同国家国际直接投资定位：一种动态发展路径》中首次提出。邓宁基于国际生产折衷理论，对20世纪70年代后发展中国家海外投资获得日益增多的现象进行分析。通过收集67

个国家的数据进行分析，邓宁发现一个国家的对外直接投资发展阶段与其国民收入水平存在较大关联性，即对外直接投资发展因收入水平的不同而存在明显的阶段性特征。

在研究中，邓宁以人均收入来衡量一国经济发展和国民收入水平，以对外直接投资净流量来度量一国对外直接投资所处阶段，并总结不同阶段的基本特征。投资发展阶段理论演化路径如图 2 - 1 所示。2001 年，根据各国经济发展和人均收入水平的变动，邓宁以人均 GDP（国内生产总值）代替了人均 GNP（国民生产总值），重新划定发展阶段。结果发现，当对外投资处于第一阶段时，属于低收入国家，一般是处于工业化初期，国内的产业结构以农业或劳动密集型产业为主，市场化程度不高。处于第二阶段的国家，属于中低收入国家，产业结构中的工业占比逐渐提高，市场化程度有所提升，部分企业的投资活动较为活跃。处于第三阶段的国家，人均 GDP 在 3 000～10 000 美元之间，属于中高收入国家，国内产业以制造业和服务业为主，市场化发展水平较好，国内市场开放程度较高，投资环境良好，外商直接投资进入大规模增长阶段。随着国内产业结构不断调整优化，部分较为成熟的产业开始转向海外市场，对于拥有技术所有权的企业而言，可以采取多元化的投资方式。处于第四阶段的国家，人均 GDP 超过 10 000 美元，属于高收入国家，这些国家已经基本完成工业化，产业结构以高科技产业和服务业为主，国内市场高度开放。这些国家在引进外资的过程中不仅注重数量，更注重质量，限制某些领域的投资，并且随着对外投资能力的不断提升，对外投资规模也进一步扩大，更加重视战略性投资。处于第五阶段的国家，母国企业所有权、内部化和区位优势都得到充分发挥，内部化交易趋势增强，对外直接投资净流入基本保持平衡，收支相对稳定。具体如表 2 - 1 所示。

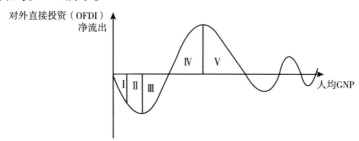

图 2 - 1　投资发展阶段理论演化路径

表 2 - 1   对外投资发展阶段划分（2001 年）

投资发展阶段	标准（人均 GDP）	基本特征
第一阶段	GDP ≤ 1 000 美元	基本没有竞争和垄断优势；外商直接投资少；没有对外直接投资
第二阶段	1 000 美元 ≤ GDP ≤ 3 000 美元	所有权、内部化优势显著；外商直接投资逐步增长；有少量的对外直接投资
第三阶段	3 000 美元 ≤ GDP ≤ 10 000 美元	所有权、内部优势增强，区位优势初显；外商直接投资大规模增长；对外直接投资迅速发展
第四阶段	GDP ≥ 10 000 美元	对外直接投资超过外商直接投资，成为资本输出国
第五阶段		母国企业所有权、内部化、区位优势得到充分发挥；内部化交易趋势增强；对外直接投资（OFDI）净流入基本保持平衡，收支相对稳定

2.1.2 研究进展

学者们关于对外投资产业选择和投资模式的研究成果十分丰富，大体上可以总结归纳为以下几个方面：

1. 对外直接投资产业选择依据的相关研究

江小涓和杜玲（2001）较早开展了对外直接投资产业选择的实证研究，指出在对外直接投资产业选择方面，发达国家和发展中国家存在明显差异。发达国家往往会围绕高科技、高附加值的产业进行持续性投资，而发展中国家和地区则以传统制造业及服务业为主，进行较为分散的多元化投资。

冯志坚和谭忠真（2007）从发展中国家的现实情况出发分析发展中国家海外投资对本国产业发展的影响，指出通过开展对外直接投资活动，发展中国家能够充分释放国内市场的过剩产能，通过产业转移效应和逆向技术溢出效应推动本国国内市场的产业结构优化升级。

李国平（2000）以韩国和日本的海外直接投资情况为例，实证检验了对外直接投资的产业选择与本国产业结构升级之间的关系。研究表明韩国和日本的海外投资规模不断扩大，促进了两国国内劣势产业的转型，带动了服务业和新兴产业的发展。杨建清（2013）以我国对外直接投资和产业结构调整为例进行了类似的研究，研究结论也再次证明了对外直接投资与产业结构升级之间的正相关关系。

蒋冠宏等（2014）利用中国工业企业数据结合对外直接投资与本国出口量之间的关系进行了定量分析与检验，指出对外直接投资的产业选择对出口的影响存在一定的差异性，商贸服务型对外投资对本国出口的促进作用最为显著。

2. 中国对外直接投资产业选择的相关研究

赵伟和古广东（2004）通过分析指出，在不同发展阶段，中国对外直接投资的产业选择应各有侧重。在初期可利用自然资源开采业带动相关产业的发展，随后应注重推动技术相对成熟的装备制造业，发挥其在产能和技术等方面的优势，继而要加大在高科技产业的投资规模和力度，以获取技术溢出效应，从而提升产业竞争力，为中国产业结构升级提供技术支撑。

詹小颖（2010）从产业结构优化的视角对中国对外直接投资产业选择问题进行了研究，指出中国进行海外直接投资的目标应定位为满足国内产业发展的内在需求，对外直接投资的重点产业选择应是比较优势产业、关联效应强的产业、高新技术产业以及服务业，从而实现促进中国产业结构优化升级的目标。

刘剑钊等（2012）、李逢春（2013）利用我国对外直接投资的区位数据和产业数据，采用灰色关联法，对中国对外直接投资中的区位选择和产业选择问题进行实证分析。研究发现，中国在对外直接投资的产业选择过程中，要充分考虑东道国的宏观影响因素和行业影响因素，针对亚洲、非洲、欧洲和美洲等不同市场，中国应结合其不同区位的市场特点和中国行业发展的实际情况，在对外直接投资过程中作出最优化的产业选择，并且不同产业在对外直接投资的区位选择上也应有所区别和侧重。研究结果表明，从投资区位的效果来看，亚洲区域的对外直接投资能够最为有效地促进产业升级，欧洲和北美地区对产业升级的推动效益次之，非洲地区效果最小；在产业选择方面，制造业的对外直接投资产生的推动效应最为显著，资源类次之，金融业和商务服务业在对外直接投资中的影响较弱。

李坤（2016）采用归纳分析、建立模型、实证分析等方法，将"一带一路"国家分为核心区、扩展区和缓冲区三个层级，根据研究结果建议对22个"核心区"中的俄罗斯、印度进行全方位投资，对新加坡等国注重高端服务业投资，对叙利亚等安全环境不稳定的国家除了必要建设尽量减少投资；在14个国家的"扩展区"中，应该对老挝、孟加拉等国进行现代农业投资，对也门、阿曼苏丹国等国进行基础设施建设投资；在29个国家的"缓冲区"中，对约旦、黎巴嫩主要进行矿产资源开发，对以色列、捷克等创新能力较强的国家进行科技园区建设。

周国兰等（2017）测算了中国工业制成品相对于沿线国家的比较优势指数和贸易特化指数，并在此基础上研究了中国在"一带一路"沿线国家投资过程中的产业选择问题。研究结果表明，中国工业制成品在低技术制成品领域竞争力较强，在资源型、中技术制成品方面缺乏优势，在高技术制成品方面的竞争优势较弱，因此研究指出中国应该在与沿线国家的贸易往来中实现产业优势互补。

3. 境外直接投资模式的相关研究

孙笑华（2004）认为，拉丁美洲国家的境外直接投资更多采用跨国并购的方式，而东南亚的一些国家则更加倾向于采用新建投资的方式。张一弛（2003）发现，在跨国投资的第一次浪潮中，兼并和收购是中国对美国直接投资最主要的进入模式。丁蔚琳（2010）将中国企业境外投资模式归纳为四大类，包括境外建立销售渠道投资模式、境外加工贸易投资模式、境外创立品牌投资模式和境外并购品牌投资模式。宋勇超（2017）基于2005～2014年中国跨国公司对"一带一路"沿线国家的170次直接投资活动进行了多元 Logit 模型检验，识别出不同投资模式的主要影响因素。最后根据实证研究结果指出，"一带一路"倡议下企业"走出去"有助于资源在全球范围内进行优化配置，也有助于化解企业的过剩产能。因此，应该鼓励那些生产效率较高、具备核心竞争力的企业"走出去"，但是与此同时，也要进一步提高对区域经济贸易主导权的掌控，注重解决资源依赖的难题，从而更好地落实国家的总体部署，推进"一带一路"沿线的投资项目合作。

对于不同行业而言，境外直接投资模式的选择是存在差异的。以港口企业为例，"一带一路"倡议的推进给当前的港口企业带来了新的发展机遇，且当前的宏观经济环境给港口企业的融资提供了多种选择空间。港口建设资金需求量大，项目建设周期长，港口企业在选择基础建设的投资融资模式时，既要考虑资金成本、风险控制、股权结构等因素，也要结合宏观经济形势，抓住宏观经济政策给企业带来的机遇，选择最恰当的融资模式，为企业项目建设提供资金保证，实现港口基础设施的投资目标（刘晓妹，2015）。翟玉胜（2017）利用多目标效用理论进行静态分析，证明了能源企业面向"一带一路"沿线国家的投资模式选择会展现出差异化的投资动机，对市场规模、市场机会、技术水平和自然资源有着异质性偏好。能源企业面向市场规模较大的东道国时，选择绿地模式的概率比选择并购模式大；面向市场机会较多的东道国时，选择并购模式的概率比选择绿地模式大；面向技术水平较高的东道国时，选择并购模式的概率比选择绿地模式大。王慧等（2017）对零售业企业的研究表明，在"一带一路"背景下，零售企业要适应消费者主权时代的挑战，在国际化发展过程中结合目标市场国消费者特征，探索并提前布局线上线下相互融合、能够全方位连接消费者的全渠道零售模式。

从现有研究来看，学者们关于对外投资产业选择与投资模式的研究已经取得了一定的进展，研究成果也在不断丰富，但是研究内容各有侧重，并未形成较为系统的理论体系，本书从宏观—中观—微观视角切入，进一步丰富了这一领域的相关研究，有一定的理论与现实意义。

2.2　国家风险识别与评估方法理论研究与实践

2.2.1　国家风险的内涵及其形成因素的相关研究

国家风险，通常是指在国际经济活动中，国家主权行为引起的造成损失的可能性。国家风险往往与国家和社会的变动有关。在主权风险范围内，国家作为交易的一方，其违约行为会直接构成风险，例如，停止支付外债本金或利息。同时，国家政策和法规的变动也会间接构成风险，例如，调整汇率和税率等。在转移风险范围内，国家不一定是交易的直接参与者，但国家的政策、法规却影响着该国的企业或个人的交易行为。从现有研究来看，对于国家风险构成要素的相关研究可以大体上分为两大类：第一类研究侧重于从政治风险、经济风险角度描述国家风险的影响；第二类则引入其他因素对国家风险的影响展开更多元、更全面的研究。

1. 围绕政治风险、经济风险的国家风险研究

国家风险的概念最早可以追溯到 20 世纪 60 年代，当时西方学者对国家风险的认识更多是集中于政治风险，直到 20 世纪 90 年代后期，相关学者才将国家风险的内涵进行了扩展，使得国家风险的内涵更加完善。具体来看，伯克和山姆盖穆（Bourke and Shanmugam，1990）将国家风险定义为，一个国家因无法创造足够多的外汇而难以支付外债的风险。按照这样的界定，国家风险可以被看作是关于国家经济金融状况的函数。汉默（Hammer，2004）则认为应该从两个角度定义国家风险，不仅要从经济金融角度来看，还应该将经济与政治综合起来进行考虑。西特伦和内克尔布尔格（Citron and Neckelburg，1987）、布鲁尔和瑞福利（Brewer and Rivoli，1990）指出要将政治因素纳入到国家风险中，强调政治稳定性在国家风险评级中的重要影响。

埃格和温纳（Egger and Winner，2005）利用 77 个国家 1995~1999 年的样本数据测算了"腐败"与对外直接投资之间的关系，指出二者之间存在紧密联系，而且在存在过度管制和行政控制的情况下，"腐败"可能在对外商直接投资的流入过程中扮演着积极角色。

约辛和金卡拉克（Yothin and Jinjarak，2007）利用 1989~1999 年的面板数据，研究了对外直接投资类型与东道国宏观经济风险之间的联系。该研究利用跨国公司海外子公司向母国出口额占其向当地销售额的比率来衡量跨国公司的垂直型投资份额，从供应风险、需求风险和主权风险三个角度度量东道国宏观经济风险。研究结果表明，具有较高垂直直接投资份额的行业，更容易受到供应风险和主权风险的影响，且在采矿业、机械设备制造业、交通装备制造业

和电子产业等行业中较为显著，而需求风险则缺乏统计上的显著性。

政治风险的研究起源于 20 世纪 60 年代，当时主要是西方的跨国公司在发展中国家的投资与经营面临发展中国家的国有化、征收、革命、战争等政治风险。就政治风险定义、成因和分类，著述颇多，国外已经存在相对成熟的理论体系和应用模型，例如斯特芬·H. 罗伯克（Stefan. H. Robock）的《政治风险：识别与评估》和杰弗里·西蒙（Jeffrey D. Simon）的《政治风险评估：过去的倾向和未来的展望》，后者提出的"政治风险评估总框架"将政治风险归类为 8 大类 50 多种。此外丁文利（Wenlee Ting）在《多国风险评估与管理》中提出了丁氏渐逝需求模型，指出在极端的社会政治风险，诸如没收、国有化之类的风险不断下降，而经济民族主义竞争迅速上升的背景下，外国投资项目的政治风险应该与该项目东道国的"看重价值"呈反向关系；哈罗德·克鲁德森（Harald Knudsen）的"国家征收倾向模型"基于对拉丁美洲国家样本的统计分析，构建一个国家的挫折水平和大量外国投资的相互作用与国家征收倾向的关系模型；霍华德·约翰逊（Howard C. Johnson）的"失衡发展与国家实力模型"以政治发展、技术进步、社会成绩、资源丰富程度、国内秩序作为标准，判断国家所属类别：平衡强大、失衡强大、平衡弱小和失衡弱小，其中失衡强大的国家最容易发生国家没收的事件。

在如何规避政治风险的问题上，相关学者也展开了积极的研究，以期能够通过战略行为、决策机制来降低或规避东道国的政治风险。马里亚克（Maliar，2005）通过将政治风险的外生变量纳入微观分析框架，演绎了东道国政府的没收行为、国内福利最大化以及外商对外直接投资选择之间的动态博弈均衡，从而为分析政治风险与对外直接投资决策提供了有益的探索。

辛格和琼（Singh and Jun，1995）实证分析了发展中国家政治风险、商业条件和宏观经济等各种国家风险对于对外直接投资的影响。模型分析结果表明，政治风险和商业经营状况是影响外国直接投资的决定性因素，对于那些对外直接投资流入较少的国家而言，社会政治的不稳定程度具有更直接的影响。

2. 围绕多元因素的国家风险研究

麦德姆（Meldrum，2000）界定了国家风险的六大构成要素：经济风险、转移风险、汇兑风险、位置或地域风险、主权风险和政治风险。其中，经济风险主要是指在对外投资活动中，东道国经济结构或者经济增长率的显著变化导致的投资回报率降低的可能性。转移风险主要是指东道国政府对资本的限制政策，使得收回投资变得困难，或者实现预期投资收益变得困难。汇兑风险主要是由于汇率方面的变化产生的风险，如当一国的汇率制度从固定汇率制度改变为浮动汇率制的时候，短期内可能会通过某种对冲机制实现成本控制，长期来看则很难实现风险对冲。位置或地域风险更强调同一区域或地区内部临近或具有相同特点的国家之间的溢出效应。通常认为，越是具有相似特征的国家越容易同时受到某种风险的影响。主权风险，主要指政府不愿意或无能力承担还款义务或背弃贷款担保承诺。政治风险，源于政府控制、社会结构或者其他非经济因素引起的政治制度的改变。显然，麦德姆（Meldrum，2000）对国家风险内涵的界定并没有局限于引入政治风险，而是综合考虑了东道国在政治、经济和社会环境等诸多方面潜在风险的集合。

博里奥（Borio，2004）指出，对国家风险的评估可以从三个新视角展开，即债务不耐、币种搭配不当和原罪。

债务不耐，是指发展中国家无力使外债的安全水平达到发达国家所能达到的水平，造成这一局面的原因可能是发展中国家对于国家经济管理不当造成的。当发展中国家的经济发展进入衰退期，外来资本会急剧下降，导致危机出现。所以，国家应该将内债和外债都维持在合理的水平范围内，才能保证宏观经济的稳定性。

币种搭配不当，是指净值或净所得现值对汇率变动的敏感程度。从存量角度来看，货币错配是指资产负债表对汇率变动的敏感程度；从流量角度看，货币错配是损益表对汇率变动的敏感程度。对于发展中国家而言，资金需求往往无法得到充分满足，不得不借助于国际金融市场，这样就很容易造成发展中国家资产和负债计值币种的不一致，出现货币错配现象。

原罪，按照博里奥（Borio，2004）的界定，是指由于发展中国家在国际金融市场上只能获得以外币表示的借款而引致的货币错配和期限错配，这使得发展中国家的债务头寸暴露在汇率风险之下，进而会加剧一国金融体系的脆弱性。博里奥（2004）还指出，造成原罪的原因可能和造成债务不耐的原因一致，都是由发展中国家历史性制度缺陷造成的。

博里奥（Borio，2004）选取 52 个国家 1996～2003 年的数据构建国家风险基准模型进行测算，模型结果表明，债务不耐对发展中国家风险评级具有一定影响，而且对发展中国家的影响要比对工业化国家的影响更为明显；原罪对于国家风险也有一定影响，但是与国家风险的正相关性并不是很高，且币种搭配不当降低了原罪的解释力。此外，一国能够具备良好的宏观经济环境和结构政策才是降低国家风险的关键所在。

2.2.2　国家风险识别与评估方法的相关理论研究进展

国家风险的测度和评估，其目的更多是通过对潜在风险进行识别和测算，并对这些风险可能带来的影响以及损失进行评估，从而在决策过程中能够通过有效手段对上述风险进行分散、转移、规避和控制，提高投资回报。对于国家风险的识别，往往包括识别风险源、识别风险产生条件，并能够对风险特征进行描述，进而明确哪些风险会对项目产生直接或间接影响。因此，采用更为合理、有效的风险识别和评估方法就显得尤为重要。从现有的研究方法来看，对于国家风险识别与评估的方法，可以分成定性分析与定量分析两大类。

1. 定性分析

在识别和评估国家风险的过程中，通常采用的定性分析方法是采集构成国家风险的主要影响因素的信息和数据，邀请专家或专业机构对这些数据和信息进行分析与筛选，从而对目标国家的基本情况和国家风险进行评定。常用的方法包括完全定性分析法、结构定性分析法和打分法等。

奥策尔（Oetzel，2005）以问卷调查的方式，通过向企业管理层发放问卷、进行访谈等，获取了企业管理者对投资风险判断情况的数据，并通过对风险环境的模拟来协助管理者提高应对风险的能力。

段晨曦（2007）按照信息源获取的途径将常用的风险识别方法大致分为主观信息源获取途径和客观信息源获取途径两种。主观信息源获取途径有头脑风暴法、德尔菲法、情景分析法等，客观信息源获取途径可以分为文件审查、核对表法、图形技术法等。风险识别的成果将成为进入风险因素名单的最初记录。随着风险管理过程的推进，风险因素名单还将包括其他风险管理流程的成果。风险因素名单主要依据以下信息编制：已识别出的风险因素清单、可能的应对措施清单、风险因素产生的根本原因和更新的风险分类。

2. 定量分析

识别和评估国家风险的定量方法，主要是基于数理统计方法，通过衡量国家风险在国际经济活动中对各个参与方的影响程度展开的。从研究方法来看，识别国家风险的方法多基于多元统计分析，包括判别分析、Logit/Probit 模型分析、回归分析、主成分分析、CAPM 模型分析以及政治不稳定性模型分析等几种方法。

例如，雷米（Ramey，1995）采用一阶自回归差分法，通过测算残差的标准差来评估国家宏观经济变量不确定性对国家风险带来的影响。拉姆钱瑞（Ramchaman，1999）利用 26 个国家 1992～1994 年的数据，采用回归分析的方法检测了对外直接投资与政治经济风险的关系，表明二者之间存在显著的相关关系。

佐巴尼迪斯（Zopounidis，1997）在偏好分类分析的基础上，应用多准则决策方法创建了一个重要的国家风险评估系统，对后续研究的影响较大。这个方法是在多元统计分析方法的基础上发展演进而来的，克服了传统统计分析中的限制性假设，将决策者偏好引入国家风险评估中，同时也妥善处理了社会和政治因素的影响，并能够实时反映世界经济动态性变化特征。

列弗和万（Levary and Wan，1999）利用层次分析法（AHP）从宏观经济风险、企业经营风险和管理者决策风险三个方面对企业投资模式的选择进行了分析，通过对不同影响因素逐层分解，与现金流折现法进行对比，对权重进行赋值打分，从而确定更重要的影响因素，但是这一方法存在对主观性依赖程度较高的问题。

国内学者在早期的研究中，也采用了类似的方法，如宣国良、杨建一和郝保华（1995）也同样采用层次分析法，将对外直接投资过程中的国家风险分为政治风险和社会经济风险两大类，并以此构建了包含 34 个指标的国家风险评价指标体系，主要的指标包括经济增长率、经济自由度、政治稳定性、外汇管制程度等。

3. 风险评级

当前，国际上很多机构都通过构建风险评价指数对全球主要经济体的国家总体风险水平进行评估和风险评级。在这一过程中，各大评价指数往往都会涉及国家政治、经济和社会等多个维度的风险情况，各评估机构也会将评级情况以报告的形式进行公布。当前有一定影响力的国家风险报告主要有：国际金融周刊出版的 *International Report*、经济学情报中心出版的 *Country Risks Service Report*、美国国际报告集团出版的 *International Country Risk Guide*、加拿大出口发展公司出版的 *Country Risks & Opportunities*、法国 *COFACE* 出版的 *Country Report* 等。同时，中国出口信用保险公司也出版了《国家风险分析报告》。

从不同机构发布的国家风险评级指数和风险评级报告的内容来看，不同指数的侧重点不同，测算方式也不同，但都是基于"风险识别—风险分类—确定权重—评估排序"的思路和流程进行的。以 ICRG 指数为例，早在 1980 年，美国国际报告集团发布了 ICRG 国家风险评价指标，以季度数据为基础对全球 140 多个国家进行风险评估，并对 25 个国家进行年度评估，同时也提供中长期的国家风险预测。在 ICRG 指数评估体系中，首先是将影响国家风险的因素分为政治风险、金融风险和经济风险三大类。然后再将其他因素进行逐层细分，并进行权重赋值，从而得到三大风险指标的基本评价，在此基础上获得国家风险的综合评估。在指标选择上，ICRG 指数中既有客观数据指标，也有主观性指标，如经济风险评估是基于客观数据进行分析的，而政治风险评估则更侧重于所获取信息的主观性分析。金融风险评估则是同时采用定量和定性分析的方式。

亨尼兹（Henisz，2000）也构建了 ICRG 指数，在综合考虑一国的法律法规体系、政府管理能力等因素的同时，也考虑了国有化倾向、政府违约潜力以及政府腐败程度等因素。

2.2.3 "一带一路"倡议下对国家风险识别与评估的相关研究

"一带一路"倡议提出之后，国内外学者更加关注中国企业"走出去"过程中可能面临的风险与机遇，相关研究成果也更加丰富。

1. "一带一路"沿线国家风险来源的相关研究

从国家风险来源的角度来看，现有研究认为"一带一路"沿线国家和地区的国家政治风险来源主要有两大类型，第一类源于大国博弈所产生的地缘政治因素，第二类源于部分沿线国家对我国存在双边不信任问题或对"一带一路"倡议的解读有误。

尽管中国政府多次强调不谋求霸权，但是随着中国经济的快速发展，其影响力还是引起西方国家的担忧。在"一带一路"倡议的实施过程中，亚洲基础设施投资银行、金砖银行、丝路基金的设立都被部分西方国家视为企图重建国际秩序（金玲，2015）。中国在实施"一带一路"倡议的过程中，可能面对的挑战包括：美国实施的"新丝绸之路"战略和主导的环太平洋贸易伙伴协定、日本实施的丝绸之路外交战略以及俄罗斯实施的欧亚经济联盟战略等。由于美国主导的"新丝绸之路"与中国主导的"一带一路"倡议之间所涉及的国家具有很大重叠性，很多亚洲国家和海外国家密切关注"一带一路"倡议可能产生的影响（袁新涛，2014）。

部分国家对中国快速发展的担忧和对"一带一路"倡议的误读会给"一带一路"倡议的具体实施带来很大困难，也会提高中国对外投资的风险。从历史沿革来看，"一带一路"沿线国家与中国还需要进一步沟通，增强双边信任。"一带一路"沿线国家中还有很多国家并不是中国的主要经贸合作伙伴，而且中国还与部分国家存在领土、领海争端和历史纠葛等问题（杨思灵，2015）。同时，"一带一路"沿线国家内部往往也存在较为复杂且严重的结构性矛盾，这给一些国家提供了扰乱国际秩序的借口，某些大国只需要控制沿线节点国家就可以对"一带一路"倡议的实施造成干扰。而中国在实施"一带一路"倡议过程中的善意行为，也可能遭到某些国家政府的恶意曲解，其意识形态否定下所宣扬的"中国威胁论",将会构筑项目实施障碍或被极端势力所利用(王义桅,2015)。

赵洲(2015)从国际法的角度对"一带一路"倡议下境外直接投资的风险进行了识别,发现主要分为 7 大类风险,即国有化或"间接征收"的风险、东道国因"危机情况"而减损投资权益的风险、东道国因"环境保护"而影响投资收益的风险、东道国因实施国际法上的犯错所造成的投资权益风险、东道国执行或遭受国际制裁所造成的投资权益风险、东道国国家或政府发生异常变动时"既得利益"的确认风险、东道国境内动乱所导致的履约和损害风险。

段晨曦(2017)选取印度尼西亚、叙利亚两国作为切入点,利用风险管理的一般方法进行国家风险研究,对国家风险进行识别并建立国家风险评价指标体系。结果表明,印度尼西亚国家风险处于中等水平。该国政治环境基本稳定,政府行事效率、政府对外国公司的政策法规变化、法律完备性及执法效率是中国企业面临的主要挑战;叙利亚由于受到内战影响,国家风险处于较高水平,国民经济陷入全面混乱,预计未来难有明显改善。

2. "一带一路"沿线国家风险识别与评估的相关研究

随着"一带一路"倡议的逐渐推进,相关学者利用一些公开数据,对沿线国家的投资风险进行了测算和评估。

中国出口信用保险公司国家风险研究中心(2015)从政治风险、经济风险、商业环境风险和法律风险 4 个维度出发,选取 17 个一级指标和 53 个二级指标,构建风险评价模型,对"一带一路"沿线的 65 个国家和地区进行了国别风险评估。研究结果表明,除了新加坡等少数几个国家外,"一带一路"沿线国家的投资风险水平都呈现偏高的状态。

经济学人智库(EIU)(2015)发布了《愿景与挑战——"一带一路"沿线国家风险评估》报告,从安全风险、政治风险、信贷风险、基础设施风险等角度对沿线国家的投资风险进行了全方位评估。研究结果表明,伊拉克、阿富汗地区的整体投资风险最高,随后是中亚的乌兹别克斯坦和塔吉克斯坦等"一带一路"沿线的重要节点国家。

方旖旎（2016）利用 ICRG 数据对"一带一路"沿线的 50 个国家和地区的投资风险进行了测算，研究结果显示沿线国家和地区的投资风险符合正常分布，部分东南亚国家和印度的经济风险较高，而军事干预、政府低效和法律制度不健全则推高了非经济风险。

2.3 小结

本章主要是理论分析，可以归纳为以下两大部分。

第一部分，对外投资产业选择与投资模式选择理论基础与研究进展。海默（S. Hymer）的垄断优势理论、巴克利（P. J. Buckley）和卡森（Mark Casson）的内部化理论以及邓宁（J. H. Dunning）的国际生产折衷理论往往强调跨国投资要以本国具备一定的优势作为前提条件，同时利用对外直接投资来最大限度地发挥这一优势；日本学者小岛清提出的"边际产业扩张理论"认为，对外直接投资产业应该是在母国市场边际收益递减的产业；小泽辉智（Ozawa，1981）提出的"动态比较优势投资理论"认为对外直接投资的产业选择应该是能发挥母国比较优势的产业；以邓宁为代表的"投资发展阶段理论"，认为一个国家的对外直接投资发展阶段与其国民收入水平存在较大关联性，将对外直接投资的理论分析由企业和产业层面上升到宏观层面，这也是将对外直接投资上升到整个国家战略层面的研究。从现有研究来看，学者们关于对外投资产业选择与投资模式的研究已经取得了一定的进展，研究成果也在不断丰富，但是研究内容各有侧重，并未形成较为系统的理论体系。

第二部分，国家风险识别与评估方法理论研究与实践。国家风险，通常是指在国际经济活动中，国家主权行为引起的造成损失的可能性，往往与国家和社会的变动有关。从现有研究来看，国家风险构成要素大体上可以分为两大类：第一类侧重于从政治风险、经济风险角度描述国家风险的影响；第二类则引入其他因素对国家风险的影响展开更多元、更全面的研究。对潜在风险进行识别和测算，能够对这些风险可能带来的影响以及损失进行评估，有助于企业提前采取一定的手段对上述风险进行分散、转移、规避和控制来减少损失。因此，采用更为合理、有效的风险识别和评估方法就显得尤为重要。国际上很多机构都通过构建风险评价指数来定量对全球主要经济体的国家总体风险水平进行评估和风险评级。"一带一路"倡议提出之后，国内外学者也更加关注中国企业"走出去"过程中可能面临的风险与机遇，相关研究成果也更加丰富。

第 3 章

"一带一路"倡议下对外投资模式
选择的分析框架

中国企业"走出去"过程中面临的投资环境是十分复杂的。对外直接投资在区位选择、行业选择和模式选择方面的影响因素很多，本书从宏观层面对国家风险的识别，中观层面对产业投资方向的判定以及微观层面对企业投资模式的确定三个角度展开研究。总体来说，三个维度之间是相互联系、相互影响的，而且不论是整体投资环境、产业发展趋势还是企业决策机制都是不断变化调整的，因此不同维度、不同视角的分析虽各有侧重，仍是有机联系的整体。

3.1　国家风险的识别——宏观层面

3.1.1　对外直接投资国家风险的识别与评估

在对国家风险的分析和识别过程中，本书的研究借鉴 PEST 方法，从政治、经济、社会和技术四个维度界定国家风险。

1. 政治风险

政治风险主要指东道国自身政治制度、政治环境和政局变动等因素带来的风险，如由于东道国国内的政局变动、政权更迭甚至种族冲突、叛乱、战争等因素引起的社会动荡等会对经济活动和跨国投资带来极大影响。世界银行将影响一国对外投资的制度因素分解为六个方面，即话语权和问责制、政治稳定性和杜绝暴力/恐怖主义、政府效率、监管质量、法治水平和腐败控制。根据陈松等（2012）的研究，东道国政治稳定性、法治水平、对腐败的控制程度、政府效能、监管质量均与中国对外直接投资负相关，表明中国对外投资倾向流入治理水平低的国家和地区。基于此，本书主要围绕政治制度及其稳定性、政府效率及监管水平、腐败控制能力三个方面展开研究。

政治制度及其稳定性。一个国家具备稳定的政治局面和良好的政治制度是企业运营的前提条件之一，对外商直接投资具有非常重要的影响。政治动荡、恐怖主义事件的出现会限制或者延缓外商直接投资的进入。例如，2011 年利比亚内战，反对派以武力推翻卡扎菲政权，造成其国内政局和社会动荡，在利比亚的中国企业面临诸多项目被迫停工的局面。

政府效率及监管水平。政府效率是从整体上衡量一国政府在提供公共服务和进行行政管理方面的质量和水平的重要因素。政府效率和监管水平较高，意味着能够提供较为全面的公共服务，能够营造稳定的社会秩序切实保护社会利益，能够提供良好的信息披露机制和监管。良好的信息披露机制对外国投资企业而言至关重要。

腐败控制能力。腐败问题引起的政治风险是一种隐性风险，是在法律制度不健全、相关约束机制不完善的情况下，东道国的政府机构、官员办事效率低下以及贪污腐败等行为带来的投资风险。腐败问题是全球各国政府都面临的共性问题，遏制政府和国际商务活动中的腐败问题能够体现一国政府的公信力和管理能力，且当前已经引起各国政府的高度关注。当前国际社会上关于腐败的排名大多依据透明国际组织的清廉指数（CPI）和行贿指数（BPI），以及世界银行的腐败控制指数（CC）、全球竞争力报告指数（又称贿赂和回扣指数，GCR）。自 1995 年起，透明国际组织每年发布一份指数报告，公布各国政府和公司的腐败程度的排名情况，内容上涉及政府和企业的行贿或腐败行为、公共和私营商业活动中的腐败程度、由腐败带来的损失情况、各级政府索要特殊或非法报偿的可能性、滥用公共权力谋取私利的程度以及与进出口许可证、商业营业执照等相关的非正常额外支出的频率等多个指标。

2. 经济风险

从企业的微观层面来看,企业面临的经济风险,可能更多是经营性风险,如投资战略风险、公司治理风险、财务风险和运营风险等。

中国商务部在《境外中资企业机构和人员安全管理指南》中将中国企业机构和人员在国(境)外的风险类别分为六大类,分别是政治风险、经济风险、自然灾害风险、恐怖活动风险、社会治安风险和其他风险。其中,经济风险指驻在国(地)宏观经济形势变化给企业带来经济损失的风险。宏观经济形势的变化包括经济危机、金融市场动荡、主权债务危机、通货膨胀、利率汇率变动等。

本书研究的经济风险主要围绕开放程度、投资政策、税收制度和资源条件四个方面展开。

开放程度。保护主义一直是国际贸易和投资自由化的障碍性因素,尤其是2008年全球金融危机之后,保护主义在全球范围内有所抬头,而且形式更加多样化。当前,中国经济发展平稳,越来越多的企业进入境外市场,随之便出现一些以"资源掠夺""技术剽窃"为由对中国企业和投资进行限制的情况。早期的中国铝业并购澳大利亚力拓公司失败的案例就是典型代表,究其原因就是保护主义。

投资政策。国家投资政策是直接影响境外直接投资的重要因素,通常在评述一国的投资政策时可以将相关的投资政策体系、投资管理与服务机构和法律体系三个方面进行对比。

税收制度。税收制度是国家在吸引外资过程中的有效"利器",在改善投资环境方面的作用十分显著。一国在鼓励外资进入的时候,往往会通过税收优惠提高吸引力。为吸引更多外商直接投资而制定的税收优惠政策主要有三种方式:第一种为直接优惠政策,包括税收减免、税率优惠和再投资退税;第二种为基于企业会计制度的税前优惠,即间接优惠,通常采用的优惠方式包括税收扣除、加速折旧、准备金制度、税收抵免、盈亏相抵和延期纳税等方式;第三种是特定优惠,往往是针对某个具体区域、特定行业或项目提供的具有针对性的税收优惠,通常是作为与某项国家发展战略相配套的措施。

资源条件。各国的资源禀赋和条件的差异性是吸引外资的重要因素。自然资源常常被认为是对外直接投资中最重要的动因之一（王永钦等，2014）。在对外投资过程中，当国家或者企业的增长处于依赖资源投入的发展阶段时，就会利用并不完善的要素市场获得更多投资回报，从而维持其比较优势（Conner，1991）。对于一些资源富足的国家而言，在吸引外商投资时也会关注那些正在寻求资源的国家和资金。

3. 社会风险

中国在境外投资的过程中，也可能受到诸多社会因素的影响。一国在民族风俗等方面的因素会影响海外投资，因此境外投资者还应对境外不同国家在政治法规、民族风俗等诸多方面进行更为认真地掌握和理解（张蕴岭，2015）。本书从法治能力、民族风俗和文化传统三个方面对境外投资的社会风险进行了分析和梳理。

法治能力。一国的法治能力和法治水平能够反映出国家在维持社会秩序方面的能力和水平，也将影响到境外投资过程中合同能否履约、企业和个人财产及权利能否得到保护，以及发生犯罪事件和暴力事件的可能性。强有力的法治能力能够更好地保护投资者权益，有效降低企业经营活动中的交易成本和违约风险。

民族风俗。对于一些民族众多的国家和地区而言，民族矛盾是影响社会稳定性的重要因素。民族风俗具有地方性、民族性，往往随着民族的产生而传承发展，不同的社会形态对应不同的习俗，这些习俗的传承可能集中于某个特殊的群体领袖或小团体，当某些行为与民俗相悖时，也可能因此产生某些人的过激行为，而发酵形成群体性事件。从国内的发展过程来看，中国地域广阔，在村镇发展过程中往往也都形成各不相同的民风民俗，甚至出现村镇中民俗力量和约束超越其他制度的情况，而延伸到"一带一路"沿线国家和地区后，情况便更加复杂，因此，要充分考虑民族风俗可能引发的社会风险。

文化传统。文化是社会发展中的核心因素，也是影响社会环境的重要因素。通常，外资进入的过程往往先从政府之间的交流合作开始，而在企业进入市场之后，文化传统的差异会对投资过程造成更为直接的影响。熟悉了解一国的文化传统，能够有效提升合作效率；而如果忽视当地的文化传统，可能导致企业难以融入当地市场，为企业的经营活动带来隐患，并带来经济损失。

4. 技术风险

当前，我们已经进入了一个科技迅猛发展的新时代，核心技术成为全球竞争的重点。在全球化进程中，各个国家和地区之间的经济联系日益紧密。先进技术和管理经验的共享有助于提升本国发展水平，缩小各国和地区发展差距，但是各国对于知识产权保护的呼声也不断提高。有效的知识产权保护是推动技术进步的重要条件，也是推动创新发展的必然要求。

技术进步是把双刃剑。科学技术的不断进步在改变着人类历史的同时也存在一定的风险。技术风险通常是指随着技术进步、生产方式发生变革而带来的风险。在跨国投资过程中，直接投资往往具有一定的技术溢出效应，但是技术溢出并不能必然带来创新能力和管理水平的改善（王春法，2005）。在全球市场上，能够掌握核心技术，具备并维持对于核心技术的垄断优势往往是跨国企业能够在市场上获取竞争优势的决定性因素，因此仅通过跨国合作和技术转移往往难以掌握核心技术，而且随着合作的深入，在某种程度上还会形成技术依赖，甚至存在一定的"挤出效应"，抑制本土企业在研发和创新方面的积极性。

从跨国投资的整体趋势来看，当其他条件相近时，资金更倾向于流向知识产权保护较好的国家和地区。从现有研究来看，商标、专利、版权保护对吸引FDI具有显著的正向影响，能够提高一个国家和地区的投资吸引力（Seyoum，1996）。因此，在本书的研究过程中，以知识产权保护的情况来衡量和评估投资过程中面临的技术风险。

3.1.2　对外直接投资国家风险的应对策略

对中国企业"走出去"过程中可能遇到的国家风险进行识别和评估，是为了能够更好地提高投资效率，同时也为了构建更为友好的经济合作模式和探索中国参与国际分工的有效路径。因此"一带一路"倡议提出以来，很多学者和官员都从不同角度分析了中国"走出去"可能遇到的潜在风险，也从不同视角提出了应对国家风险的策略和建议，以期推动"一带一路"倡议的落实与发展。

事实上，正如雅各布（Jacob，2016）所指出的，中国政府并不擅长处理那些由于非政府行为所形成的额外的政治风险，沿线国家不稳定的政治军事环境都可能给面向"一带一路"沿线国家的投资造成威胁。"一带一路"倡议下，中国企业"走出去"还将面临更多机遇，也将遇到诸多风险，中国政府、中国企业都将在探索实践中，不断进行反思和总结，不断推动区域合作共赢局面的实现。

在政府层面，要建立防范政治风险的意识和能力。沙皮罗（Shapiro）曾在 1981 年提出四种管理政治风险的基本方法，即风险规避、保险、与政府交涉和使投资结构化。具体来看，就是通过为跨国公司提供政治风险的保险以保障跨国公司在国外的投资，也可以尝试凭借增加东道国介入企业运营的成本，来减少政治风险的产生。或者在进行投资之前，与东道国政府协议来获得特许权并商定双方的权利与义务，当预见风险过高时，可以采取及时对特定资产进行转移、撤离或延期进入市场等手段来减少损失。

在企业层面，可以通过垂直整合、水平并购等方式，提高对竞争者的影响和控制力度，或通过多边协议增加彼此互相依赖的程度。在合作模式方面，尝试签订长期合约等方式开展深入合作，降低个体决策的自主权；同时，还可以从产品结构角度，增加产品和投资方向的多元化以分散风险，采取模仿策略跟进产品或技术更新，以降低风险的发生。

3.2 产业方向的判定——中观层面

3.2.1 对外直接投资母国产业选择的影响因素与作用机理分析

根据对外直接投资理论，对外投资的产业选择能够直接影响母国产业结构，对母国产业结构调整具有重要意义。所以，可以用产业升级和优化来衡量产业选择的影响。根据格里菲（Gereffi，1999）的研究，产业升级是一个涵盖产品技术升级、生产经营活动升级和产业内部企业升级及产业结构升级的动态过程。合理的产业结构调整和优化将带动产业结构由低端向高端演化，根据汉弗莱和施米茨（Humphrey and Schmitz，2002）的研究，跨国企业可以通过宏观和微观两个层面实现产业升级。在宏观层面，可以通过产业转移效应、产业关联效应和产业竞争效应实现产业技术水平的提升和国家整体产业结构的优化；在微观层面，则可以通过流程升级，在生产系统中引入更为高级的技术来提升产出水平，实现生产效率的优化。具体来看，通过产品升级，提高产品附加值，推动企业生产高端化；通过功能升级，从最终环节的加工制造转向具有较高附加值的产品和服务的生产，实现由劳动密集型产业向资本、技术密集型产业转型；通过部门间升级，推动企业由低技术企业向高技术企业转变。

现有研究指出，对外直接投资促进母国产业结构优化升级的作用机理并不一致，但是通常认为在对外直接投资过程中，可以将传统产业转移到国外市场，从而为国内市场中的产业竞争留出更多市场空间，使得具有竞争优势的产业可以获得更多的资源，在竞争和学习中不断转型升级。大体上，可以将对外直接投资促进母国产业结构转型升级的传导机制概括为传统产业转移效应、新兴产业成长效应、资源补缺效应、产业关联效应、产业竞争效应和投资收益效应等几个方面（汪琦，2004；聂晖，2009）。产业结构的转型升级往往伴随着新兴产业的兴起和传统产业的衰退。在这一过程中，传统产业向外转移可以释放更多的生产资源和空间，为新兴产业的发展提供支持，同时新兴产业也可以在对外直接投资活动中学习新技术、新理念和新方法，从而实现传统产业转移效应和新兴产业成长效应。此外，各个国家由于地理位置和资源禀赋不同，在对外投资合作过程中，可以与资源丰富的国家建立合作关系，共同开发自然资源，为本国产业发展提供支持，获得资源补缺效应。在对外直接投资过程中，跨国企业会带动产业上下游相关企业的发展，从而推动产业链的发展，带动产业关联，引入产业竞争，获得经济收益。随着投资规模的扩大，跨国企业也将不断改善企业生产条件，提高生产工艺，带动技术进步，创造更多的投资收益。

3.2.2 对外直接投资东道国产业选择影响因素与作用机理分析

对外直接投资东道国的产业选择也受到诸多因素的影响，东道国的经济环境、地理条件、基础设施状况以及吸引外资的能力等因素都直接影响着东道国产业选择的效果。

对外直接投资东道国产业选择是指一个国家根据其收入水平和对外直接投资发展阶段，结合东道国的收入水平、地理环境、基础设施、引进外资能力等因素，选择东道国的特定产业领域进行投资，从而更有利于母国产业结构转型升级（李坤，2016）。

选择与国内产业关联性强、匹配度高的产业，有利于国内产业结构调整和经济发展，而产业选择往往受到诸多因素的影响，例如东道国的经济发展基础、产业结构和转型阶段、基础设施状况以及吸引外资的能力等因素都直接影响着东道国产业选择的效果和收益。

对外直接投资东道国产业选择的影响因素和作用机理往往因对外投资的动因而有所不同，根据联合国出版的《世界投资报告》的划分，对外投资决策动因可以分为四种类型，即寻求市场、寻求资源、寻求效率和寻求战略性资产。本书的研究也借鉴这一划分，分析四种动因驱动的对外直接投资东道国产业选择的作用机理。

对于寻求市场的对外直接投资而言，国内市场往往趋于饱和。通过在海外市场投资建厂的模式扩大生产，不仅能够转化过剩产能，还能进一步扩大市场规模。更进一步地，随着过剩产能的转移，母国市场结构将随之调整，实现优化，有利于培育和发展新兴产业。

寻求资源的对外直接投资以获取石油、天然气、铁矿石等自然资源，劳动力资源或技术资源为目标。这种投资往往通过收购股权、联合经营等合作模式来完成，能够为母国市场提供更加丰富的资源，提高资源配置效率，改善能源结构，进而缓解资源短缺给经济发展带来的压力。

寻求效率的对外直接投资往往重视技术进步产生的影响，通过学习和创新提高技术水平，实现生产效率的根本性改善。这类投资通常采用并购、合作开发等方式，通过共建研发中心、产学研基地等方式进行合作，获取更多技术溢出。

对于寻求战略性资产的对外投资而言，跨国投资过程更注重如何获取更多关键技术、营销渠道、品牌运营与管理、公共关系处理以及研发和创新能力的提升与激励等方面的直接或间接经验。这类投资往往采取与东道国企业合作的方式，提升企业在东道国的知名度和市场影响力。

3.3 投资模式的确定——微观层面

3.3.1 企业对外直接投资决策的主要影响因素

根据国际生产折衷理论（Dunning，1977），企业对外直接投资应该具备区位优势、所有权优势和内部化优势三个基本要素，因此，企业进行跨国投资决策的影响因素应该综合考虑国家、行业和企业层面。对于发展中国家而言，企业对外直接投资行为也受到所在国经济发展水平、经济开发、政治环境和技术水平（Das，2013），以及目标国的市场规模、贸易条件、生产成本和商业环境的影响（Kayam，2009）。

在宏观层面，不同国家的制度条件、投资环境和基础设施都存在很大差异，这也是早期对外投资理论的普遍观点，即一国对外直接投资时往往是基于母国企业所拥有的绝对优势或垄断优势，拥有垄断优势是跨国公司对外直接投资的决定性因素。垄断优势的存在使得跨国公司能够降低境外投资的成本，弥补企业在境外市场上的劣势。通常认为，GDP 增速、市场规模、市场开发程度等因素是对宏观层面的对外直接投资影响因素的衡量指标。当前，在中国企业"走出去"选择目标市场的过程中，东道国资源禀赋、市场条件、劳动力成本、制度体系等因素是主要的宏观影响因素（何本芳和张翔，2009；蒋冠宏等，2012；谢孟军等，2013）。

在微观层面，企业决策也受到诸多因素的影响。企业在跨国市场的投资行为可以分为母公司和子公司两个方面。母公司在投资经验、资金规模、研发能力和投资决策等方面可能经验更加丰富，而子公司的境外投资决策则会受到企业规模、产品结构等因素的影响。在企业进行境外并购时，目标公司的选择、并购时机的判断，以及公司整合后的运营管理水平都影响对外投资决策的效果。

从中国企业对外投资的整体情况来看，在企业"走出去"的过程中，尤其是民营企业在进行对外直接投资决策时，企业规模、企业的所有权形式、技术优势、研发实力、企业投资动机、国际化战略及经验等都是十分重要的影响因素。对于规模较小的民营企业而言，企业内部因素的影响更显著，规模较大的民营企业对投资意愿以及投资能否带来技术进步和效率改善尤为关注（余官胜，2015）。

3.3.2 企业对外直接投资合作模式的选择

跨国企业对外直接投资模式总体上可以分为绿地投资、境外并购和跨国战略联盟。

绿地投资是指跨国企业依照东道国的相关法律和规定，在东道国境内设立企业，由跨国企业安排新设立企业的生产、运营和管理。在绿地投资模式下，跨国企业可以设立独资公司、合资公司、合作公司，也可以采取特许经营权模式。这种投资模式可以使跨国企业具备较大的自主权。

境外并购，是指在东道国法律法规的限定下，通过购买东道国企业全部或部分资产，取得该企业全部或部分所有权，并获得对该企业的经营权，进而实现跨国公司战略目标的合作模式。境外并购也可分为收购和合并，如果两个公司通过整合形成新的法人实体则为跨国合并，跨国收购则是将东道国企业对资产和经营的控制权转移给外国企业的方式。以境外并购的方式进入东道国市场可以直接获取原有企业的影响力和市场份额，能够降低进入成本，避免不必要的市场竞争，效率更高。

跨国战略联盟，根据迈克尔·波特的界定，跨国战略联盟是企业之间形成的超出正常交易，却又达不到合并的长期协议，战略联盟是介于市场和公司之间的一种机制。战略联盟的合作形式多种多样，技术培训、联合开发等都可以称为战略联盟，形成战略联盟之后可以由竞争转变为合作，实现共赢。

中国企业在"走出去"的过程中，会依据东道国和具体项目的实际情况选择合作模式，对于发达国家市场，往往通过并购的形式进入；而对于转型国家，选择绿地投资的方式有利于发挥本国企业优势。

3.4　小结

本章从宏观层面对国家风险的识别，中观层面对产业投资方向的判定以及微观层面对企业投资模式的确定三方面构建了分析框架。

国家风险的识别。基于 PEST 方法展开宏观层面的研究，从政治风险、经济风险、社会风险和技术风险四个方面对中国企业在"一带一路"沿线国家进行投资所面临的国家风险进行识别。政治风险主要围绕政治制度及其稳定性、政府效率及监管水平、腐败控制能力三个方面展开；经济风险主要围绕开放程度、投资政策、税收制度和资源条件四个方面展开；社会风险从法治能力、民族风俗和文化传统三个方面进行分析和梳理；技术风险则以知识产权保护的情况来衡量和评估。面对投资风险，政府和企业应共同努力来减少损失，如政府可以建立防范政治风险的意识和能力，企业可以采取垂直整合、水平并购等方式来提高对竞争者的影响和控制力度等。

产业方向的判定。根据对外直接投资理论，对外投资的产业选择能够直接影响母国产业结构，对母国产业结构调整具有重要意义。通常认为，在对外直接投资过程中，可以将传统产业转移到国外市场，从而为国内市场中的产业竞争留出更多市场空间，使得具有竞争优势的产业可以获得更多的资源，在竞争和学习中不断转型升级。对外直接投资东道国的产业选择也受到诸多因素的影响，东道国的经济环境、地理条件、基础设施状况以及吸引外资的能力等因素都直接影响着东道国产业选择的效果。

投资模式的确定。跨国企业对外直接投资模式总体上可以分为绿地投资、境外并购和跨国战略联盟。根据邓宁的生产折衷理论，企业对外直接投资应该具备区位优势、所有权优势和内部化优势三个基本要素。不同国家的制度条件、投资环境和基础设施都存在很大差异,一国对外直接投资时往往是基于母国企业所拥有的绝对优势或垄断优势,且企业决策也受到内部因素的影响。所以,中国企业在"走出去"的过程中,要依据东道国和具体项目的实际情况选择投资模式。

总体来说,上述三个方面是相互联系、相互影响,且不断变化调整的,因此各部分的分析虽各有侧重,但仍是有机联系的整体。

第4章
中国企业境外投资历程与现状

4.1　中国企业"走出去"境外投资发展历程回顾

中国对外直接投资的发展历程大体上可以划分为4个阶段：起步阶段、成长阶段、快速发展阶段和迅速增长阶段。

1. 1978～1984年起步阶段

改革开放初期是中国对外直接投资的起步阶段。1978年11月，对外经济联络部和国家基本建设委员会联合组建了中国建筑工程公司。1979年11月，北京友谊商业服务公司和日本东京丸一商事株式会在东京开办了"京和股份有限公司"，建立了新中国第一家中外合资企业，标志着中国企业对外直接投资跨境经营的新起点。

在这一阶段，中国对外直接投资的投资主体主要是国家控制实体，企业类型主要为贸易企业而非生产性企业。投资模式以简单分包、劳务派遣和在当地建立销售网络为主，投资区域则主要以亚洲为主。

2. 1985～1991年成长阶段

从1985年开始，生产性企业进入对外直接投资领域，具有代表性的事件包括1984年中国国际信托投资公司在美国购买森林以供应国内木材市场、

1986 年中国国际信托投资公司与加拿大当地企业合资购买并经营赛尔加纸浆厂、1988 年中国化工金融控总公司并购美国的磷矿和磷肥厂以及美国海岸太平洋炼油公司近 50% 的股份。

这一阶段的投资主体多是国有大型企业，其中的生产性企业参与程度显著提高，单位投资额明显增加。从投资领域来看，主要着力于采矿业、炼铝、远洋渔业、森林开发等行业，并逐渐扩展到加工、生产装配、工程承包、交通运输和金融保险等领域。与此同时，在投资区域上不再仅仅局限于亚洲地区，少数投资开始转向欧美发达国家和地区。值得关注的是，1984 年 12 月，中英政府签署《中英联合声明》并于 1985 年 5 月 27 日正式生效。根据《中英联合声明》，香港将于 1997 年正式回归，香港相对宽松的投资环境曾一度吸引大量内地企业涌入。

3. 1992～2001 年快速发展阶段

1992 年邓小平南方谈话标志着中国改革开放进入新的发展阶段，大量企业涌现，也有众多优秀企业纷纷转向境外市场，尝试跨国经营。在这一阶段，对外直接投资主体开始多元化，但是国有大型企业仍然是对外投资主体中的主要力量。这一阶段中国对外直接投资存量突破百亿美元。截至 2000 年底，中国累计设立境外企业 6 200 多家，遍布全球 160 多个国家和地区。

4. 2001 年以来的迅速增长阶段

2001 年之后，随着加入世界贸易组织（WTO），中国正式开启新的历史时期。中国政府提出"走出去"战略，实施"引进来"和"走出去"同步并举的方针。在中国企业"走出去"的过程中，中国外汇储备大量增加，外汇管制放松，一大批企业得以快速成长。

中国企业"走出去"思想孕育于邓小平对外开放思想时期。江泽民同志承前启后，在总结了我国对外开放的历史经验后，正式把"走出去"作为国家战略。以胡锦涛同志为总书记的党的新一代领导集体对"走出去"战略也非常重视，提出加快实施"走出去"战略，而现在的"一带一路"倡议为企业"走出去"创造了更加优越的条件。

根据联合国统计，截至 1990 年底，中国对外直接投资存量 44.55 亿美元，该时期对外投资基本处于自发进行的状态，总体特点是，单个项目规模小、投资领域窄、方式相对单一。20 世纪 90 年代，中国企业第二产业对外投资速度加快，境外装配加工投资增长迅速，并有几项规模较大的境外能源资源投资。进入 21 世纪以来，中国对外投资规模不断攀升，投资结构进一步优化，投资区位分布更为广泛，投资行业领域更加丰富，投资主体日趋多元，展现出良好的发展态势。

中国政府有关部门发布的数据显示，2002～2016 年，中国对外投资流量呈现迅速增长趋势，年均增长率为 35.8%，在 2016 年投资流量金额达到 1 961.5亿美元，具体数据见图 4－1。投资存量方面，2007 年首次突破千亿美元，2015 年突破万亿美元，2016 年攀升至 13 573.9 亿美元，对外投资存量由 2002 年的全球第 25 位上升至 2016 年的第 6 位。

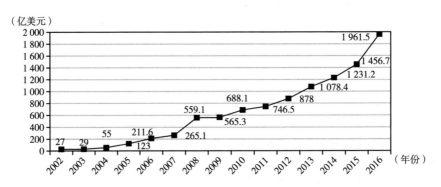

图 4－1　2002～2016 年中国对外直接投资流量

中国对外投资区域范围广泛。截至 2016 年末，中国对外直接投资分布国家（地区）共 190 个，境内投资者设立对外投资企业 3.72 万个。覆盖全球超过 80% 的国家（地区），境外企业投资资产总额达 5 万亿美元。各大洲投资中，对亚洲的投资比例最大，高达 67%，其次是拉丁美洲 2 071.5 亿美元，占 15.3%，对欧洲的投资 872 亿美元，占 6.4%，北美洲占 5.6%，非洲占 2.9%，大洋洲占 2.8%。其中企业数量前 20 位的国家（地区）依次为：中国香港、美国、俄罗斯联邦、澳大利亚、新加坡、德国、日本、英属维尔京群岛、越南、加拿大、韩国、印度尼西亚、老挝、阿拉伯联合酋长国、开曼群岛、泰国、柬埔寨、英国、马来西亚、蒙古国，累计近 2.8 万家，占中国在境外设立企业总数的 75.2%。具体数据见表 4－1。

表 4-1　　　　　2016 年末中国境外直接投资重点国家（地区）　　　　单位：亿美元

序号	流量			存量		
	国家（地区）	金额	占比（%）	国家（地区）	金额	占比（%）
1	中国香港	1 142.3	58.2	中国香港	7 807.5	57.5
2	美国	169.8	8.7	开曼群岛	1 042.1	7.7
3	开曼群岛	135.2	6.9	英属维尔京群岛	887.7	6.5
4	英属维尔京群岛	122.9	6.3	美国	605.8	4.4
5	澳大利亚	41.9	2.1	新加坡	334.5	2.5
6	新加坡	31.7	1.6	澳大利亚	333.5	2.5
7	加拿大	28.7	1.5	荷兰	205.9	1.5
8	德国	23.8	1.2	英国	176.1	1.3
9	以色列	18.4	0.9	俄罗斯联邦	129.8	1
10	马来西亚	18.3	0.9	加拿大	127.3	0.9
11	卢森堡	16	0.8	印度尼西亚	95.5	0.7
12	法国	15	0.8	卢森堡	87.8	0.6
13	英国	14.8	0.7	德国	78.4	0.6
14	印度尼西亚	14.6	0.7	中国澳门	67.8	0.5
15	俄罗斯联邦	12.9	0.7	南非	60	0.4
16	越南	12.8	0.7	老挝	55	0.4
17	荷兰	11.7	0.6	法国	51.16	0.4
18	韩国	11.5	0.6	哈萨克斯坦	50.95	0.4
19	泰国	11.2	0.6	越南	49.84	0.4
20	新西兰	9.1	0.5	阿联酋	48.88	0.3
	合计	1 862.6	95	合计	12 295.4	90.5

资料来源：《中国对外投资报告》（2017）。

　　2017 年 4 月中国公司法务研究院和律商联讯联合发布了《2016－2017 中国企业"走出去"调研报告》。从整体投资来看，北美、西欧、东南亚是企业境外投资的首选国家和区域，能源与矿产、制造业是企业境外投资的热门领域。其中，中央企业在能源与矿产、基础设施方面的境外投资显著，而民营企业在制造业、生物技术、医疗健康、电信、媒体、科技（TMT）、能源与矿产领域更为突出。从实践观察角度，中国企业在 2016 年"走出去"成绩显著。中国企业正在全球范围进行产业战略布局，改写全球产业格局：游戏、酒店、地产、保险、银行等投资收益较高的行业投资火热；机器人、环保、保健等新兴产业也受到广泛关注，投资比重持续加大。具体见表4-2。

表4-2 　　　　　　　2016年（末）中国境外直接投资行业分布　　　单位：亿美元

序号	行业	流量		存量		
		金额	比重（%）	金额	比重（%）	排名
1	租赁与商务服务业	657.8	33.5	4 739.9	34.9	1
2	制造业	290.5	14.8	1 081.1	8.0	5
3	批发和零售业	208.9	10.7	1 691.7	12.5	3
4	信息传输/软件和信息技术服务业	186.7	9.5	648.0	4.8	6
5	房地产业	152.5	7.8	461.1	3.4	7
6	金融业	149.2	7.6	1773.4	13.1	2
7	居民服务/修理和其他服务	54.2	2.8	169.0	1.2	12
8	建筑业	43.9	2.2	324.2	2.4	9
9	科学研究和技术服务业	42.4	2.2	197.2	1.4	11
10	文化/体育和娱乐业	38.7	2.0	79.1	0.6	14
11	电力/热力/燃气和水的生产和供应业	35.4	1.8	228.2	1.7	10
12	农/林/牧/渔业	32.9	1.7	148.9	1.1	13
13	采矿业	19.3	1.0	1 523.7	11.2	4
14	交通运输/仓储和邮政业	16.8	0.9	414.2	3.1	8
15	住宿和餐饮业	16.2	0.8	41.9	0.3	15
16	水利/环境和公共设施管理	8.4	0.4	35.8	0.2	16
17	卫生和社会工作	4.9	0.2	9.2	0.07	17
18	教育	2.8	0.1	7.3	0.05	18

资料来源：中国公司法务研究院和律商联讯：《2016-2017中国企业"走出去"调研报告》。

除此之外，中国对外投资的主体也更加多元。虽然从目前规模上来看，国有企业仍然是中国企业"走出去"的主力军，但是民营企业发展势头强劲。从企业数量看，对外投资民营企业的数量已经超过国有企业，占企业总数的60%以上；从企业来源地看，2006年中央企业的对外投资占比达到86.4%，地方企业仅为13.6%，而在2016年，中央企业对外投资占比12.6%，地方企业占比攀升至87.4%，具体数据见图4-2。在地方企业中，长江经济带沿线省份的企业对外投资活跃，占全国对外投资的35.5%。

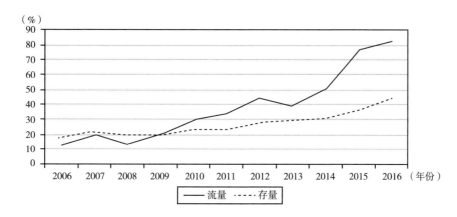

图 4 - 2　地方企业在非金融对外直接投资中的占比

资料来源：国家发展改革委员会：《中国对外投资报告（2017 年 11 月）》。

虽然中国对外投资的发展势态良好，但在取得成功的同时，中国企业遭遇到的阻碍也大幅增加，在"走出去"的过程中也存在着挑战和风险。自 2016 年 1 月 1 日至 2017 年 3 月 15 日，以印度、拉丁美洲国家为主的针对中国企业或可能对中国企业产生影响的贸易救济调查，包括反倾销、反补贴、双反、反规避、保障措施已达 215 起。在知识产权领域，美国针对中国企业至少发起了 23 起 337 调查，覆盖电子、化工、医疗、制造工艺、材料、金属等领域。与此同时，美国正在加大对中国企业出口管制的制裁。自 2016 年 1 月至 2017 年 3 月，中兴、辽宁鸿祥实业、青岛航帆贸易有限公司、宁波新世纪进出口有限公司等多家中国企业因与伊朗、朝鲜的出口业务先后受到了美国的制裁。此外，还有多家中国银行遭到了反洗钱调查。2018 年 5 月发布的《2017 - 2018 中国企业"走出去"调研报告》显示：有 30% 以上的企业认为外汇进出受限及信息收集受阻是企业在投资中遇到的较为困难的因素，东道国对境外投资者差别对待仅被 9% 的企业视为造成困难的原因。此外，有 28% 的受访者认为法治和商务环境不健全、行政效率低、政府腐败以及无法获得有效救济，是投资"一带一路"国家面临的困难。在国家风险方面，东道国政府审查，特别是在环保、反垄断方面的审查在加强。报告还显示，东道国法治不健全给中国企业带来的风险在加大，营商环境当中外汇的管制风险在上升，原材料的波动、利率的调整风险比重在降低。

4.2　中国境外投资的现状与特点

1. 现状及特点

从中国对外直接投资整体情况来看，投资总规模不断扩大，但是对外投资存量规模与主要发达国家相比仍存在一定差距。虽然中国对外投资在全球境外直接投资中的影响力不断扩大，但是中国对外直接投资存量与全球排名第一的美国相比仍然有很大差距。自 2001 年中国提出“走出去”战略以来，中国对外直接投资整体增幅显著，到 2013 年首次突破千亿美元。2017 年，中国对外直接投资存量达 1.8 万亿美元，美国为 7.8 万亿美元，中国仅相当于美国的 23.2%。总体来看，中国对外直接投资在 2008 年全球金融危机动荡中受到小幅度的影响，并在随后进入平稳发展阶段。

中国对外直接投资涉及的行业分布较为广泛，涵盖国民经济的 18 个行业大类。2017 年，中国对外直接投资在商务服务、制造、批发零售、金融领域的投资超过百亿美元。其中，存量规模超过千亿美元的行业有 6 个，分别为租赁和商务服务业、批发和零售业、信息传输/软件和信息技术服务业、金融业、采矿业和制造业，占到中国对外直接投资存量的 86.3%，具体数据见表 4-3。从对外直接投资的行业变化来看，随着国内经济结构的转型升级，中国对外直接投资行业也随之产生变化，采矿业、交通运输业、仓储和邮政业、农林牧渔业等传统行业占比不断下降，租赁和商务服务业、金融业、批发和零售业、房地产业、建筑业所占比重逐步提升，科学研究和技术服务业、地质勘查业、信息传输、软件和信息服务业等新兴行业逐渐受到投资者青睐，在对外直接投资中所占比重也有所增长。尤其是在“一带一路”沿线国家和地区的基础设施建设水平普遍不高，对外商投资需求较高的情况下，“一带一路”倡议为中国基础设施“走出去”提供了更广阔的合作空间。

表 4 - 3　　　　2010～2017 年中国境外直接投资流量行业分布情况　　　单位：亿美元

行业	2010 年	2011 年	2012 年	2013 年	2014 年	2015 年	2016 年	2017 年
电力、热力、燃气及水的生产和供应业	10.0	18.8	19.4	6.8	17.7	21.4	35.4	23.4
采矿业	57.1	144.5	135.4	248.1	165.5	112.5	19.3	-37.0
批发和零售业	67.3	103.2	130.5	146.5	182.9	192.2	208.9	263.1
制造业	46.6	70.4	86.7	72.0	95.8	199.9	290.5	295.1
租赁和商务服务业	302.8	256.0	267.4	270.6	368.3	362.6	657.8	542.7
建筑业	16.3	16.5	32.5	43.6	34.0	37.4	43.9	65.3
金融业	86.3	60.7	100.7	151.0	159.2	242.5	149.2	187.9
农、林、牧、渔业	5.3	8.0	14.6	18.1	20.4	25.7	32.9	25.1
交通运输、仓储和邮政业	56.6	25.6	29.9	33.1	41.8	27.3	16.8	54.7
房地产业	16.1	19.7	20.2	39.5	66.0	77.9	152.5	68.0
科学研究和技术服务和地质勘查业	10.2	7.1	14.8	17.9	16.7	33.5	42.4	23.9
信息传输、软件和信息服务业	5.1	7.8	12.4	14.0	31.7	68.2	186.6	44.3
居民服务、修理和其他服务业	3.2	3.3	8.9	11.3	16.5	16.0	54.2	18.7
住宿和餐饮业	2.2	1.2	1.4	0.8	2.4	7.2	16.3	-1.9
文化、体育和娱乐业	1.86	1.05	2.0	3.1	5.2	17.5	38.7	2.6
水利、环境和公共设施管理业	0.72	2.6	0.34	1.45	5.5	13.7	8.5	2.2
其他行业	0.42	0.05	0.86	0.55	1.6	1.2	7.6	4.8
合计	688.1	746.5	878.0	1 078.0	1 231.2	1 456.7	1 961.5	1 582.9

资料来源：笔者根据《中国对外直接投资统计公报》（2010 - 2017）数据整理所得。

　　从投资主体来看，中国对外直接投资的主体日趋多元化。一直以来，中国的对外直接投资是典型的政府主导推动型投资，但是近年来民营企业在对外直接投资活动中发挥的作用越来越显著。商务部合作司发布的《2011 年非金融类对外直接投资存量前 100 强》的名单中，民营企业只有 10 家，中央企业 45 家。但是世界银行的统计数据显示，在非洲大陆的投资中有 45% 的投资来自中国的私营企业。究其原因，一方面，国有企业在不断提高自身运营效率的过程中，逐渐退出一些不具有显著竞争力的行业和市场，这无疑将会为民营企业提供更多市场空间；另一方面，在亚洲、非洲和拉丁美洲地区，国有企业进入后重点完成的项目涉及基础设施，这就需要民营企业提供更多配套服务。与此同时，在加工贸易领域，民营企业在国内的生产经营成本显著上升，市场变化也促使民营企业不断向境外市场拓展，转移部分国内生产能力。

在投资方式上，跨国并购成为中国对外直接投资的重要手段。从全球范围来看，1988～2011年，全球跨国并购金额占FDI总额比例由23%上升到50%。在中国对外直接投资中，虽然跨国并购的金额在2006～2011年基本以大小年间隔的形式出现，但是整体而言有40%的中国对外直接投资是通过跨国并购方式实现的。2011年中国境外并购交易数量和金额分别达到207宗和429亿美元，均创下历史新高。2012年并未出现大年后的小年情况，根据普华永道的统计，2012年全年境外并购交易数量和金额分别为457宗和434亿美元，均再创新高，故2012年被视为中国跨国并购的"丰收年"。

中国对外直接投资正在越来越多地使用"并购"这一快车道。跨国并购相对于绿地投资具有降低行业进入壁垒的作用。跨国公司通过并购形式进入新领域的行为相对绿地投资而言不会即刻引起既有企业因新增竞争对手而产生的强烈抵触情绪和防范意识，能够较好地借一个既有的实体在既定的市场中立足。首先，由于投资企业只是掌握了既有企业的权益，而非增加新的实体以加剧行业竞争。其次，原有企业的优质资源也能够直接为我所用，缩短了投资者建设和学习的时间。最后，并购还可以帮助跨国公司获得某些战略性资产，例如研发能力、专利、商标、品牌、供应商网络等。这些战略性资产对于跨国公司维持企业的竞争力、占领东道国市场至关重要，但却无法通过别的市场获得，自行开发又耗时太长。

从中国对外投资的地区分布来看，中国对外投资持续关注亚洲市场，但2006年以来，中国对非洲和拉丁美洲地区的投资比重下降，对北美和欧洲的投资呈现上升趋势。

2. 存在的问题

鲁桐（2000）曾对位于英国的16家中资企业进行调研与访谈，对中国企业境外经营的状况进行了调查，指出在英国的中资企业存在的问题并提出建议。

首先，中国企业的境外经营还处于投资的初级阶段。在英国的中资企业普遍存在包括成立时间较短、投资规模较小、经营业务较为单一、经济效益并不高以及企业发展缓慢等方面的问题。

其次，这些中资企业缺乏明显的竞争优势。中资企业在资金、技术和管理等方面与英国本土企业相比存在明显差距，且往往缺乏在投资和管理方面经验丰富的国际化人才。

再次，中国国有企业改革滞后对中国企业的跨国经营产生了直接影响。中国应该加快国有企业改革以推动中资企业内部经营环境的改善和现代企业制度的建立，进而提高中资企业的国际竞争力。

因而，中资企业应该不断积累经验，逐步扩大跨国经营的范围，这也是中国企业全球化经营的必由之路。

4.3 "一带一路"倡议的提出

4.3.1 "一带一路"倡议提出的背景

历史背景：丝绸之路作为古代中国连接亚洲、非洲和欧洲的陆上商业贸易路线，是古代东西方文明的重要纽带，也极大地促进了东西方经济文化的交流与传承。最初，中国古代出产的丝绸、瓷器等商品都通过丝绸之路向外运输，后来随着商贸往来的日益频繁，丝绸之路逐渐成为东方和西方之间在经济、政治、文化等诸多方面进行交流的主要通道。

在运输方式上，丝绸之路可以分为陆上丝绸之路和海上丝绸之路两条路径。陆上丝绸之路以西汉时期的首都长安（现为西安市）为起点，沿途经过凉州、酒泉、瓜州、敦煌、中亚国家、阿富汗、伊朗、伊拉克、叙利亚而达地中海，并终于罗马，全长 6 440 公里。陆上丝绸之路是历史上连接东西文明的交汇之路，而丝绸则是最具有代表性的流通货物。海上丝绸之路，可以追溯到秦汉时期，也是古代中国与世界其他地区进行经济往来和文化交流的重要通道。在范围上，覆盖从广州、泉州、宁波、扬州等沿海城市到阿拉伯海域，甚至非洲东海岸的区域。

时代背景：当前的世界格局正在经历深刻变革。随着技术革命和全球经济危机深层次影响的逐渐凸显，各国发展都面临着诸多问题。国际经济往来和国际贸易格局与规则的调整，为世界经济发展提供发展空间的同时也带来了不确定性。"一带一路"倡议是在世界多极化、经济全球化、文化多样化和社会信息化的时代背景下提出的，是在新时代对国际合作模式的积极探索。

2013 年 9 月和 10 月，中国国家主席习近平在出访中亚和东南亚国家期间，先后提出建设"丝绸之路经济带"和"21 世纪海上丝绸之路"的合作倡议，并引发国际社会的高度关注。

2014 年 3 月，李克强总理在《政府工作报告》中提出，开创高水平对外开放新局面，抓紧规划建设丝绸之路经济带、21 世纪海上丝绸之路，推进孟中印缅经济走廊和中巴经济走廊建设，推出一系列重大支撑项目，加快基础设施互联互通，拓展国际经济技术合作新空间。2014 年 11 月，在亚太经合组织（APEC）北京峰会期间，中国宣布成立亚洲基础设施投资银行和丝路基金，以支持和加强"一带一路"沿线国家之间的互联互通建设。2014 年 12 月的中央经济工作会议上，中央提出优化经济发展空间格局的三大战略，分别是"一带一路"倡议、京津冀协同发展战略和长江经济带发展战略。

2015 年 3 月 28 日，国家发展改革委员会、外交部和商务部联合发布《推动共建丝绸之路经济带和 21 世纪海上丝绸之路的愿景与行动》，由此宣布"一带一路"倡议进入全面推进阶段。

"一带一路"倡议依靠中国与有关国家既有的双多边机制，借助既有的、行之有效的区域合作平台，积极发展与沿线国家的经济合作伙伴关系，推动沿线各国实现经济政策协调，开展更大范围、更高水平、更深层次的区域合作，共同打造开放、包容、均衡、普惠的区域经济合作架构。

4.3.2 "一带一路"倡议的基本内涵

2015 年 3 月，国家发展和改革委员会联合外交部、商务部，正式发布了

《推动共建丝绸之路经济带和 21 世纪海上丝绸之路的愿景与行动》（下文简称为《愿景与行动》），明确提出"一带一路"倡议的总体思路、合作重点与机制，并对中国各地的开放态度和发展形势作出清晰阐述。

1."一带一路"倡议的共建原则

2017 年 1 月 17 日，习近平主席在瑞士出席世界经济论坛 2017 年年会开幕式时，发表题为《共担时代责任　共促全球发展》的主旨演讲时指出，"'一带一路'建设秉持的是共商、共建、共享原则，不是封闭的，而是开放包容的；不是中国一家的独奏，而是沿线国家的合唱。"

"共商，就是集思广益，好事大家商量着办，使'一带一路'建设兼顾双方利益和关切，体现双方智慧和创意。"在"一带一路"建设过程中，要尊重沿线国家对各自参与事项的发言权，妥善处理各国利益关系。同时，"一带一路"建设需要各国共同参与，交流互鉴，共同应对威胁和挑战，共同谋划利益和福祉。

"共建，就是各施所长，各尽所能，把双方优势和潜能充分发挥出来，聚沙成塔，积水成渊，持之以恒加以推进。"自 2013 年习近平总书记第一次提出"一带一路"倡议以来，5 年来已经得到沿线各国的积极响应，目前已经完成初步规划和布局，正在向落地生根、深耕细作、持久发展的阶段迈进。面向未来，要以互联互通为着力点，促进生产要素自由流动，打造多元合作平台，实现共赢和共享发展，要在已有基础上，推动沿线国家实现发展战略相互对接、优势互补。

"共享，就是要让'一带一路'建设成果更多地、更公平地惠及各国人民，打造'一带一路'沿线利益共同体和命运共同体。""一带一路"倡议，并不仅仅是一种发展理念，而是看得见、摸得着的实际举措和项目支撑，将会给沿线各地区国家带来切实的利益。

2. 框架思路

"一带一路"是促进共同发展、实现共同繁荣的合作共赢之路，是增进理解信任、加强全方位交流的和平友谊之路。中国政府倡议，秉持和平合作、开放包容、互学互鉴、互利共赢的理念，全方位推进务实合作，打造政治互信、经济融合、文化包容的利益共同体、命运共同体和责任共同体。

"一带一路"贯穿亚欧非大陆，一头是活跃的东亚经济圈，一头是发达的欧洲经济圈，中间广大腹地国家经济发展潜力巨大。丝绸之路经济带重点畅通中国经中亚、俄罗斯至欧洲（波罗的海）；中国经中亚、西亚至波斯湾、地中海；中国至东南亚、南亚、印度洋。21世纪海上丝绸之路重点方向是从中国沿海港口过南海到印度洋，延伸至欧洲；从中国沿海港口过南海到南太平洋。

根据"一带一路"走向，陆上依托国际大通道，以沿线中心城市为支撑，以重点经贸产业园区为合作平台，共同打造新亚欧大陆桥、中蒙俄、中国—中亚—西亚、中国—中南半岛等国际经济合作走廊；海上以重点港口为节点，共同建设通畅安全高效的运输大通道。中巴、孟中印缅两个经济走廊与推进"一带一路"建设关联紧密，要进一步推动合作，取得更大进展。

"一带一路"建设是沿线各国开放合作的宏大经济愿景，需各国携手努力，朝着互利互惠、共同安全的目标相向而行。努力实现区域基础设施更加完善，安全高效的陆海空通道网络基本形成，互联互通达到新水平；投资贸易便利化水平进一步提升，高标准自由贸易区网络基本形成，经济联系更加紧密，政治互信更加深入，人文交流更加广泛，不同文明互鉴共荣，各国人民相知相交、和平友好。

3. "一带一路"倡议的基本内涵

首先，"一带一路"倡议是开放性、包容性的区域合作倡议，而非排他性、封闭性的中国"小圈子"。当今世界是一个开放性的世界，各个国家的发展都需要打开国门，发现并把握机遇，主动创造机遇。中国提出"一带一路"倡议，将在世界发展中为中国提供更多机遇，也将在中国发展中为世界提供更多机遇。基于这样的认知，"一带一路"倡议以开放为导向，强调在交通、能源和网络等基础设施领域实现互联互通，促进经济要素的自由流动、资源的高效配置和市场的深度融合，从而在更大的范围内开展更高水平、更深层次的国际区域合作，同时，通过构建开放、包容、均衡、普惠的区域经济合作框架，解决经济增长和平衡发展的问题。

其次，"一带一路"倡议是互惠共赢的务实合作平台，而非中国的地缘政治工具。"和平合作、开放包容、互学互鉴、互利共赢"的丝路精神成为人类共有的历史财富，"一带一路"就是秉承这一精神与原则提出的现代重要倡议。通过加强相关国家间的全方位多层面交流合作，充分发掘与发挥各国的发展潜力与比较优势，彼此形成了互利共赢的区域利益共同体、命运共同体和责任共同体。在这一机制中，各国是平等的参与者、贡献者、受益者。因此，"一带一路"从一开始就具有平等性、和平性特征。平等是中国所坚持的重要国际准则，也是"一带一路"建设的关键基础。只有建立在平等基础上的合作才能是持久的合作，也才会是互利的合作。"一带一路"平等包容的合作特征为其推进减轻了阻力，提升了共建效率，有助于国际合作真正"落地生根"。同时，"一带一路"建设离不开和平安宁的国际环境和地区环境。和平是"一带一路"建设的本质属性，也是保障其顺利推进所不可或缺的重要因素。

"一带一路"是共商共建共享的联动发展倡议，而非中国的对外援助计划。"一带一路"建设是在双边或多边联动基础上通过具体项目加以推进的，是在进行充分政策沟通、战略对接以及市场运作后形成的发展倡议与规划。2017 年 5 月《"一带一路"国际合作高峰论坛圆桌峰会联合公报》中强调了建设"一带一路"的基本原则，其中就包括市场原则和根本方法。市场原则即充分认识市场作用和企业主体地位，确保政府发挥适当作用，如政府采购程序应开放、透明、非歧视。可见，"一带一路"建设的核心主体与支撑力量并不在政府，而是企业；根本方法是遵循市场规律，通过市场化运作模式来实现参与各方的利益诉求，政府在其中发挥构建平台、创立机制、政策引导等指向性、服务性功能的作用。

"一带一路"是和现有机制的对接与互补，而非替代。"一带一路"建设的相关国家要素禀赋各异，比较优势差异明显，互补性很强。"一带一路"的核心内容就是要促进基础设施建设和互联互通，对接各国政策和发展战略，以便深化务实合作，促进协调联动发展，实现共同繁荣。显然，它不是对现有地区合作机制的替代，而是与现有机制互为助力、相互补充。

"一带一路"建设是促进人文交流的桥梁，而非触发文明冲突的引线。

"一带一路"跨越不同区域、不同文化、不同宗教信仰，但它带来的不是文明冲突，而是各文明间的交流互鉴。"一带一路"在推进基础设施建设，加强产能合作与发展战略对接的同时，也将"民心相通"作为工作重心之一。通过弘扬丝绸之路精神，推进智力丝绸之路、健康丝绸之路等建设，在科学、教育、文化、卫生、民间交往等各领域广泛开展合作，"一带一路"建设民意基础更为坚实，社会根基更加牢固。法国前总理德维尔潘认为，"一带一路"建设非常重要，"它是政治经济文化上的桥梁和纽带，让人民跨越国界更好地交流"。因而，"一带一路"建设就是要以文明交流超越文明隔阂、文明互鉴超越文明冲突、文明共存超越文明优越，为相关国家民众加强交流、增进理解搭起了新的桥梁，为不同文化和文明加强对话、交流互鉴织就了新的纽带，推动各国相互理解、相互尊重、相互信任[①]。

4.4　中国对"一带一路"沿线国家投资概况

在"走出去"发展战略的指引下，中国对外直接投资取得了较快的发展，尤其是"一带一路"倡议提出以来，中国对外投资步伐明显加快，已进入对外直接投资快速发展阶段，同时中国与"一带一路"沿线国家的贸易和投资合作不断扩大，已经初步形成互利共赢的良好局面。总体而言，中国对外直接投资起步较晚，规模较大，与发达国家仍然有一定差距，但是在"走出去""一带一路"倡议的引导下，中国对外投资的规模总量和投资结构、投资区域和重点行业、投资模式都在不断进行着改变和调整，呈现新的特点和趋势。

4.4.1　投资规模

2017 年，中国对外直接投资首次出现负增长，中国企业对"一带一路"沿线国家的投资也有所下降。商务部公布的数据显示，2017 年末，中国对外直接投资 1 582.9 亿美元，同比下降 19.3%，这是中国自 2003 年公布年度对

---

① 中国一带一路网，https：//www. yidaiyilu. gov. cn/。

外直接投资统计数据以来，首次出现负增长。2017 年中国企业对"一带一路"沿线的 59 个国家新增投资 143.6 亿美元，同比下降 1.2%。2018 年上半年，中国与沿线国家的货物贸易进出口总额达到 6 050.2 亿美元，增长 18.8%；对沿线国家非金融类直接投资达 74 亿美元。

从投资区域和国家来看，2013 年以来，中国对"一带一路"沿线国家的直接投资主要集中在东南亚地区，2014 年中国对外直接投资的流量指标和存量指标都显示，东南亚地区所获得的投资占到 50% 以上。2017 年中国对"一带一路"沿线国家的投资占总投资额比重较 2016 年产生了一定的变化（见图 4-3），投资主要流向新加坡、马来西亚、老挝、印度尼西亚、巴基斯坦、越南、俄罗斯、阿联酋和柬埔寨等国家。

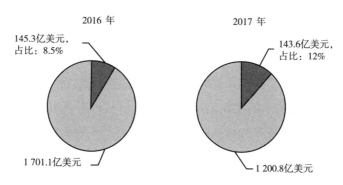

图 4-3　中国对"一带一路"沿线国家的投资占总投资额变化情况

资料来源：商务部网站。

当前的"一带一路"倡议欢迎所有国家的积极参与，但是投资合作仍然以重点区域为主。在产能合作方面，建设重点区域是"一轴两翼"的 45 个国家，其中，"主轴"是以中国周边国家为主的 15 个国家；"西翼"是以非洲、中东和中东欧为主，包括埃塞俄比亚、津巴布韦、伊朗、罗马尼亚等 24 个国家；"东翼"则包括巴西、智利在内的拉丁美洲 6 国。

从投资领域和重点行业来看，中国企业在"一带一路"沿线国家的投资更多集中在基础设施建设项目方面，近年来也逐渐呈现出多元化趋势，投资领域逐渐拓展到贸易、制造业、互联网和旅游业等领域。新版《境外投资敏感行业目录》于 2018 年 3 月 1 日起开始施行，非理性境外投资行为将持续受限，包括涉及房地产、酒店、影城、娱乐业、体育俱乐部等热门投资行业的境外投资行为。

从投资主体的变化情况来看,"一带一路"倡议实施以来,民营企业境外投资增长显著,且投资涉及的行业、区域和国别都与国有企业的特点有所不同,中国在"一带一路"沿线国家的投资主体呈现出多元化趋势。以 2015 年数据来看,2015 年民营企业非金融类境外投资总量占当年总投资额的比重为 50%,投资行业涉及房地产、食品、汽车等多个领域。

4.4.2　投资模式

近年来,中国对"一带一路"沿线国家的投资主要以工程承包为先导,以金融服务为支持,通过建设合作园区和自贸区的形式展开合作,这也将成为中国境外投资的重要方向。

从合作模式上来看,中国企业与沿线国家通过共建境外经贸合作区、跨境跨双方边境经济合作区和中国境内边境合作区三种形式,积极推动产业集群式合作,实现优势互补,良性互动的合作模式。从商务部统计数据来看,到 2016 年底,中国企业在"一带一路"沿线建立初具规模的合作区 56 家,累计投资 185.5 亿美元,入区企业 1 082 家,总产值 506.9 亿美元,上缴东道国税费 10.7 亿美元,为当地创造就业岗位 17.7 万个。中白工业园等已经成为双边合作的典范,中国磨憨 – 老挝磨丁跨境经济合作区、中哈霍尔果斯国际边境合作中心等一大批合作园区也在加快建设。

2016 年,中国在"一带一路"沿线对外承包工程新签合同额 1 260.3 亿美元,占同期对外承包工程新签合同额的 51.6%,实际完成营业额 759.7 亿美元,占同期总额的 47.7%。

境外并购方面,2017 年中国境内企业对"一带一路"沿线国家实施并购 62 起,投资额 88 亿美元。中石油集团和中国华信投资 28 亿美元联合收购阿联酋阿布扎比石油公司 12% 股权为其中最大项目。[①]

"一带一路"倡议提出以来部分投资项目及建设情况见表 4 – 4。

---

① 中华人民共和国商务部,http://www.mofcom.gov.cn/。

表 4-4 "一带一路"倡议提出以来部分投资项目建设情况

	国家和地区	项目	年份	建设情况
非洲地区	赞比亚	赞比亚中国经济贸易合作区	2016年	建设中
	塞尔维亚	塞尔维亚泽蒙—博尔察大桥	2014年	建成通车
	希腊	比雷埃夫斯港	2010年	中方正式接管
欧洲地区	孟加拉国	孟加拉国帕德玛大桥	2015年	建设中
	英国	英国欣克利角C核电项目	2017年	建设中
	白俄罗斯	白俄罗斯中白工业园	2015年	建设中
	匈牙利	匈牙利中欧商贸物流园	2018年	基本完成
	欧洲	中欧班列	2011年	首列班车开行
	巴基斯坦	巴基斯坦中资港口瓜达尔港	2016年	正式开航
	乌兹别克斯坦	乌兹别克斯坦卡姆奇克隧道	2016年	正式通车
	乌兹别克斯坦	乌兹别克斯坦鹏盛工业园	2009年	动工
	哈萨克斯坦	中哈霍尔果斯国际边境合作中心	2012年	建设中
	阿曼苏丹国	中国—阿曼（杜库姆）产业园	2017年	完成
亚洲地区	沙特阿拉伯	中沙延布炼厂	2016年	正式投产启动
	斯里兰卡	斯里兰卡科伦坡港口城	2014年	建设中
	泰国	泰国泰中罗勇工业园	2006年	已完成
	马来西亚	马来西亚马中关丹产业园	2013年	建设中
	柬埔寨	柬埔寨西哈努克港经济特区	2016年	建设中
	缅甸	中缅油气管道	2013年	天然气管道全线贯通
			2017年	原油管道工程正式投入运行

资料来源：笔者根据"一带一路"官网整理所得。

4.4.3 国别概述

"一带一路"倡议覆盖欧亚大陆、西太平洋和印度洋地区，辐射范围广泛，是当今世界上跨度最长、发展潜力最好的经济大走廊。以中国为辐射中心，西北可达波罗的海三国（立陶宛、拉脱维亚、爱沙尼亚），东北到达俄罗斯和蒙古国，西南延至埃及和也门，东南可至印度尼西亚。不同研究中对"一带一路"倡议覆盖国家和地区数量的界定不同，通常我们认为包含东北

亚、东南亚、南亚、中亚、西亚和中东欧地区的 65 个国家。"一带一路"沿
线国家地理分布见表 4 - 5。

表 4 - 5　　　　　　　　"一带一路"沿线国家地理分布

区域	国　　家
东北亚（2 国）	蒙古国、俄罗斯
东南亚（11 国）	越南、老挝、柬埔寨、泰国、马来西亚、新加坡、印度尼西亚、文莱、菲律宾、缅甸、东帝汶
南亚（7 国）	印度、巴基斯坦、孟加拉国、尼泊尔、不丹、斯里兰卡、马尔代夫
西亚和中东地区（20 国）	土耳其、伊朗、叙利亚、伊拉克、阿联酋、沙特阿拉伯、卡塔尔、巴林、科威特、黎巴嫩、阿曼苏丹国、也门、约旦、以色列、巴勒斯坦、亚美尼亚、格鲁吉亚、阿塞拜疆、埃及、阿富汗
中东欧地区（20 国）	波兰、捷克、斯洛伐克、匈牙利、斯洛文尼亚、克罗地亚、罗马尼亚、保加利亚、塞尔维亚、黑山、波黑、阿尔巴尼亚、爱沙尼亚、立陶宛、拉脱维亚、乌克兰、白俄罗斯、摩尔多瓦、希腊、马其顿
中亚地区(5 国)	哈萨克斯坦、吉尔吉斯斯坦、塔吉克斯坦、乌兹别克斯坦、土库曼斯坦

资料来源：笔者根据相关文献整理所得。

　　"一带一路"倡议覆盖的 65 个国家，人口总量约为 44 亿人，占全球总人
口的 63%，经济总量约 21 万亿美元，占全球经济总量的 29%。从经济发展水
平来看，沿线国家大多数是发展中国家和转型经济体。涵盖上海合作组织、东
南亚国家联盟、南亚经济联盟、欧亚经济联盟、独联体经济联盟、欧盟和海湾
合作委员会等多个区域性合作组织。

　　从中国对"一带一路"沿线国家直接投资排名来看，中国对沿线国家的
投资规模不断扩大，但是在各国的差异较大。投资总量在前 10 位的国家中，
投资总额在近 10 年间增长显著，但是在中国对"一带一路"国家投资总额中
的比重有所下降，表明投资集中度有所减弱，"一带一路"倡议的投资覆盖面
进一步拓展。从统计数据来看，新加坡、俄罗斯都是较为稳定的投资合作伙
伴，印度尼西亚、阿联酋、蒙古国在"一带一路"倡议下获得的投资规模较
为稳定，缅甸、老挝、马来西亚等东南亚国家是"一带一路"倡议下中国对
外直接投资的重要流入区域。中国对"一带一路"沿线国家投资前 10 位国家
情况见表 4 - 6。

60

表4-6　　　　　中国对"一带一路"沿线国家投资前10位国家

排名	2004 年	2006 年	2008 年	2010 年	2012 年	2014 年
1	俄罗斯	俄罗斯	新加坡	新加坡	哈萨克斯坦	新加坡
2	印度尼西亚	新加坡	哈萨克斯坦	缅甸	新加坡	印度尼西亚
3	新加坡	沙特阿拉伯	俄罗斯	泰国	印度尼西亚	老挝
4	蒙古国	蒙古国	巴基斯坦	俄罗斯	蒙古国	巴基斯坦
5	柬埔寨	伊朗	蒙古国	伊朗	老挝	泰国
6	伊朗	印度尼西亚	缅甸	柬埔寨	俄罗斯	阿联酋
7	越南	老挝	柬埔寨	土库曼斯坦	缅甸	俄罗斯
8	阿联酋	哈萨克斯坦	印度尼西亚	匈牙利	伊朗	伊朗
9	马来西亚	越南	阿联酋	阿联酋	柬埔寨	马来西亚
10	埃及	阿联酋	越南	巴基斯坦	泰国	蒙古国

资料来源：笔者根据《中国对外直接投资公报》（2004－2014）整理所得。

4.4.4　主要困难

中国企业在"一带一路"沿线国家的投资项目中涉及大量基础设施建设项目。这些项目对提升当地的基础设施水平具有深远意义，能够有效提高互联互通水平，改善当地居民的生活水平，但是这些项目往往资金需求量大、建设周期长、成本回收慢，因此会给企业带来一定的投资风险。

中国企业对东道国国情把握不够准确，投资风险评估不足。在面向"一带一路"沿线国家的投资中，国有企业是主要的投资主体，但国有企业性质使得这些企业的境外投资过程会面临更为严格的审查。所以国有企业往往更注重与"一带一路"沿线国家政府进行沟通合作，而忽视非政府组织和反对党的声音，造成部分投资项目进展缓慢甚至流产。例如，2013年中国企业对外投资项目中，因投资企业身份问题造成项目失败的案例共14起，其中涉及"一带一路"沿线国家的共4起，总金额达到69.5亿美元。

随着中国国内经济的发展与"一带一路"倡议的持续推进，中国企业在"走出去"的过程中将获得更多机遇和发展空间，但是，很多民营企业可能难以明确把握未来趋势和市场前景。除此之外，信息技术的快速发展也在快速推动着中国国内经济的转型。新兴经济业态不断催生着更为广阔的经济发展空间和经济增长新动能，新生代投资人也更加关注前沿科技领域，带动着投资方向逐渐从传统的地产、能源等产业转向境外具有价值的高科技项目，这一趋势也将在"一带一路"倡议的实践过程中有所体现。

4.5 小结

改革开放以来，中国对外直接投资的发展历程大体上可以划分为4个阶段：起步阶段、成长阶段、快速发展阶段和迅速增长阶段。尤其是近年来，中国对外直接投资总规模在不断扩大，涉及的行业分布越来越广泛，投资主体也日趋多元化。而且，中国在对外直接投资过程中，越来越多地使用"并购"这一快车道。跨国并购可以帮助公司获得某些无法通过别的市场获得、自行开发又耗时太长的战略性资产，例如研发能力、专利、商标、品牌、供应商网络等，相对于绿地投资也具有降低行业进入壁垒的作用，有助于企业迅速占领东道国市场。

随着"一带一路"倡议的推进，中国与"一带一路"沿线国家的贸易和投资合作也在不断扩大。中国对"一带一路"沿线国家的直接投资主要集中在东南亚地区，投资领域从基础设施建设项目方面逐渐拓展到贸易、制造业、互联网和旅游业等行业。同中国对外直接投资的整体情况相似，中国在"一带一路"沿线国家的投资主体也呈现出多元化趋势，民营企业境外投资增长显著。但这也存在一定的风险，很多民营企业可能难以明确把握未来趋势和市场前景，对投资风险评估不足，最终可能会造成一定的投资损失。总体来看，"一带一路"沿线国家具有吸收境外投资来促进经济发展的强烈愿望，积极与中国企业共建境外经贸合作区、跨境双方边境经济合作区和中国境内边境合作区，积极推动产业集群式合作，与中国已经初步形成互利共赢的良好局面。但是，中国"走出去"也面临诸多挑战，如中国企业在"一带一路"沿线国家的投资项目中涉及大量基础设施建设。这些项目往往资金需求量大、建设周期长、成本回收慢，因此会给企业带来一定的投资风险。

第5章
国家风险的识别——宏观层面

5.1　"一带一路"沿线国家政治风险的识别

政治风险通常主要指东道国自身政治制度、政治环境和政局变动等因素带来的风险，如由于东道国国内的政局变动、政权更迭甚至种族冲突、叛乱、战争等因素引起的社会动荡等都会对经济活动和跨国投资带来极大的影响。在本书的研究中，主要围绕政治制度及其稳定性、政府效率及监管水平、腐败控制能力这三个方面来识别"一带一路"沿线国家的政治风险。

5.1.1　"一带一路"沿线国家政治风险评判

近年来，随着全球形势的变化，中国企业在"走出去"过程中面临的国家政治风险也呈现不同的特点，例如传统的战争风险逐渐降低，但是政治风险隐患有所提高；公开、直接的风险逐渐降低，但是隐性风险不可小觑，而且潜在危害可能更为严重；同时，部分处于转型期的国家和地区可能会有潜在投资风险。在全球一体化进程的带动下，各国受到国际环境的影响程度越来越强，部分国家主权风险和违约风险明显较高。与此同时，在传统投资理论中，对外直接投资企业更倾向于政治稳定性高、腐败指数低、法治水平较高的区域，而当前中国对外直接投资企业中出现了倾向于向政治稳定性低、法治水平低、腐败指数高、政府效能低的区域进行投资的趋势（陈松等，2012）。

在政治稳定性方面，"一带一路"沿线国家的情况差异较大，很多国家和地区面临政局动荡与恐怖主义威胁，也有不少地区受到战争影响而使投资风险进一步提高。例如，在东南亚地区，连续发生的政治事件对东南亚地区的社会发展造成了一定的负面影响。如泰国政变夺权，军人集团重返权力核心；缅甸、柬埔寨、印度尼西亚、菲律宾的政权更迭都几经波折。再如，在伊朗、黎巴嫩、巴基斯坦、土耳其等国家和地区，因叙利亚战争而被迫逃难的难民给当地的发展和社会安全都带来了一定的压力和挑战。同时，政权更迭也给政策稳定性和连贯性带来了隐患。根据零点咨询的调查，2005～2014年，饱受战乱的国家有8个，其中泰国在此期间先后有9位总理或代总理执政。

在沿线国家的腐败控制能力方面，新加坡、不丹、卡塔尔以及欧洲部分国家的腐败控制能力较强，反腐力度较大。根据世界银行WGI指数（wordwide governance indicators）可看出，"一带一路"沿线国家中，有超过一半的国家在腐败控制能力方面表现较差，中亚地区尤其严重。近年来，东南亚地区的状况也不理想，根据2013年安永所发布的《亚太地区舞弊调查报告》，马来西亚的贿赂和腐败情况较为严重，执政党不断出现的金钱政治、裙带关系和贪污腐败等丑闻已经对马来西亚的吸引外资能力造成了一定的负面影响。

5.1.2 "一带一路"沿线国家政治风险量化分析

对国家政治风险识别与量化研究成果正处于不断丰富的过程中，不同学者研究的侧重点有所不同，对国家政治风险的界定和分类标准也存在差异。在早期的研究过程中，克利克（Click，2005）以美国在1982～1998年的海外投资为例，对东道国的投资风险进行实证研究，指出相对于金融风险而言，政治风险的影响难以直接观察并识别。卡彭特和韦拉特（Carpenter and Vallat，2009）构建PERM模型（planned economy risk model）利用东南亚国家的项目数据进行投资风险量化研究，对东道国政治环境的风险与影响进行评定。

国内学者对境外投资政治风险的量化研究也尚未形成统一的划分和标准。宣国良等（1997）在对东道国政治风险的量化评估过程中，先将政治风险区分为政治稳定和政策稳定两种情况，然后在政治稳定中，又进一步分析了政治稳定性、邻国关系、经济自由度、骚乱可能性以及对华关系等指标；在政策稳定方面，具体细化为政策稳定性、国有化倾向、对外资态度、人口压力以及失业率等几个方面。蒋冠宏等（2012）从政权稳定性、监管质量、政府效率和腐败控制四个角度研究了政治风险对企业投资的影响。张明等（2017）将政治风险划分为执政时间、政府稳定性、军事干预政治程度、腐败、民主问责、政府有效性、法制以及外部冲突等 8 个维度。

现有量化研究所采用的研究方法主要包括主观打分评估方法和数量测算评估两种类型。在主观打分评估方法中，通常会采取邀请行业专家单独进行访谈评分、邀请驻外行业专家进行调研打分、组织专家组进行实地调研的方式进行评分、借鉴国际咨询机构或评级机构的研究成果等多种方式。数量测算评估主要用于数据可测的情况，这里不做详细说明。

同时，各研究机构和学者也在不断尝试构建风险评估指数体系来更加系统地评估东道国风险，希望能够形成对比性研究。较具影响力的政治风险评估指数体系包括，由 SACE 集团的政治风险分析专家法布里兹奥·法拉利和卡多·罗尔菲尼（Farizio Ferrari and Riccardo Rolfini）所构建的 ICRG 指数；体现政治体制稳定性的 PSSI 指数，主要包括社会经济特征指数、社会动乱指数和社会统治秩序指数三大指数，其中，社会动乱指数又分为社会不安定指数、国内暴乱指数和高压统治潜在危机三个细分指数；同时，世界银行开发的全球治理指数，即 WGI 指数（worldwide governance indicators），这一指数涵盖 6 项指标，具体包括表达与问责（voice and accountability，VA）、政治稳定与无暴力程度（political stability and absence of violence，PV）、政府效能（government effectiveness，GE）、监管质量（regulatory quality，RQ）、法治水平（rule of law，RL）和腐败控制（control of corruption，CC）；美国传统基金会与《华尔街日报》共同推出的经济自由度指数，即 IEF 指数（评价指标包括贸易政策、政府对经济的干预等）；中国社会科学院的中国海外投资国家风险评级体系（CROIC）等。

本书的研究主要以世界银行建立的 WGI 指标体系作为研究的基础和数据来源。WGI 指标体系数据库涵盖范围较广，从目前所获取的数据来看，涵盖了 213 个国家和地区。需要指出的是，任何一个指标体系都会存在一些无法彻底消除的缺陷，本书研究主要借鉴的 WGI 指标评价体系也存在一些不足，例如，利用 WGI 指数并不能充分体现国家治理质量对国家风险的影响，尤其是无法准确区分国家治理质量在不同的国家中对国家风险产生影响的差异性。

在本书的研究过程中，我们更侧重于围绕政治制度及其稳定性、政府效率及监管水平、腐败控制能力三个方面展开评估。借鉴 WGI 指标体系在 2006～2016 年的数据，综合考虑数据的可得性，选取"一带一路"沿线 64 个国家的数据（不含巴勒斯坦）作为研究的基础数据。根据 WGI 数据评估标准，各个指标得分在 -2.5 分到 2.5 分之间，得分越高，表明治理水平越高；反之，则越差。

构建分析模型：政治风险 = 1/3（PV + GE + CC）。

其中，PV 指政治制度及其稳定性，GE 指政府效率及监管水平，CC 指腐败控制能力，原始数据来源于 WGI 指标体系，测算过程中取 2006～2016 年各国数据的平均值进行加权处理，根据相关文献，对相关风险赋相等权重。最终，可得"一带一路"沿线各国的政治风险评估值。具体测评结果见表 5 - 1。

表 5 - 1 　　　　　"一带一路"沿线国家政治风险评估结果

国家	评估值	国家	评估值	国家	评估值
新加坡	1.89	格鲁吉亚	-0.01	乌克兰	-0.74
阿联酋	1.00	约旦	-0.06	俄罗斯	-0.75
卡塔尔	0.97	罗马尼亚	-0.06	柬埔寨	-0.75
斯洛文尼亚	0.97	蒙古国	-0.15	阿塞拜疆	-0.75
爱沙尼亚	0.94	沙特阿拉伯	-0.16	东帝汶	-0.77
文莱	0.90	越南	-0.18	伊朗	-0.78
捷克	0.78	马其顿	-0.19	埃及	-0.79
不丹	0.75	塞尔维亚	-0.20	土库曼斯坦	-0.86
斯洛伐克	0.68	马尔代夫	-0.25	乌兹别克斯坦	-0.93
波兰	0.66	土耳其	-0.27	吉尔吉斯斯坦	-0.96
立陶宛	0.66	亚美尼亚	-0.28	黎巴嫩	-1.00
匈牙利	0.58	阿尔巴尼亚	-0.29	尼泊尔	-1.00
拉脱维亚	0.53	哈萨克斯坦	-0.38	孟加拉国	-1.05
马来西亚	0.45	泰国	-0.42	塔吉克斯坦	-1.05
阿曼苏丹国	0.43	斯里兰卡	-0.42	缅甸	-1.26
克罗地亚	0.43	白俄罗斯	-0.42	叙利亚	-1.32
以色列	0.33	波黑	-0.48	巴基斯坦	-1.38
希腊	0.16	摩尔多瓦	-0.53	也门	-1.56
科威特	0.12	印度	-0.53	伊拉克	-1.63

续表

国家	评估值	国家	评估值	国家	评估值
黑山	0.09	印度尼西亚	− 0.54	阿富汗	− 1.81
保加利亚	0.05	老挝	− 0.59		
巴林	0.00	菲律宾	− 0.64		

资料来源：笔者根据 WGI 指标体系数据整理计算所得。

　　从测评结果来看，首先，新加坡、阿联酋、卡塔尔、斯洛文尼亚、爱沙尼亚和文莱等 6 个国家的测评分值较高，表明这些国家政治风险的治理水平相对较高，根据 WGI 指数的解读，可以认为这些国家的政治风险相对较低。其次，捷克、不丹、斯洛伐克、波兰、立陶宛、匈牙利、拉脱维亚、马来西亚、阿曼苏丹国、克罗地亚、以色列、希腊、科威特、黑山、保加利亚和巴林 16 个国家的政治风险属于中等水平。从政治风险的角度来看，这些国家属于具有较高投资吸引力的国家和地区，虽然有些地区存在战乱的风险，但是相对于动荡的国际环境而言，上述国家在国内的政治稳定性方面具有较为良好的表现。最后，格鲁吉亚、约旦、罗马尼亚、蒙古国、沙特阿拉伯、越南、马其顿、塞尔维亚、马尔代夫、土耳其、亚美尼亚、阿尔巴尼亚、哈萨克斯坦、泰国、斯里兰卡、白俄罗斯、波黑、摩尔多瓦、印度、印度尼西亚、老挝、菲律宾、乌克兰、俄罗斯、柬埔寨、阿塞拜疆、东帝汶、伊朗、埃及、土库曼斯坦、乌兹别克斯坦、吉尔吉斯斯坦、黎巴嫩、尼泊尔、孟加拉国、塔吉克斯坦、缅甸、叙利亚、巴基斯坦、也门、伊拉克、阿富汗等 42 个国家和地区的测评分值为中高风险投资地区。这一结果也体现了近年来国际形势的整体情况，在上述地区进行境外投资和建设的过程中，要充分考虑国际局势和国内政治风险的潜在影响，避免在经济和其他各个方面可能产生的损失。

　　从地域划分的角度来看，东北亚地区的蒙古国和俄罗斯两国的评分都不理想。东北亚地区对中国国家安全和国家利益来说，都是极其重要的地区，但是东北亚地区的安全困境却使得这一地区的区域合作难以推进。国际社会认为"一带一路"倡议下，新亚欧大陆桥、中蒙俄经济走廊的建设都将为区域合作提供新的契机。

　　东南亚的 11 个国家中，新加坡、文莱、马来西亚 3 个国家的评分较好，政治局势较为稳定，与中国的经贸往来具有良好的基础，在文化交流等方面的基础雄厚，积极响应中国"一带一路"倡议并从中受益良多。

南亚7国中，除了不丹的其他6个国家的评分都属于具有较高国家政治风险。从现实情况来看，南亚各国经济基础较为薄弱，政局动荡，腐败滋生，这几个因素交织在一起又使得境况更为恶化，造成国家政治风险较高。

中东欧20国，斯洛文尼亚、爱沙尼亚、捷克、斯洛伐克、波兰、立陶宛、匈牙利、拉脱维亚、克罗地亚、希腊、黑山和保加利亚12个国家的国家政治风险评分表现都较为良好，具有很好的投资吸引力。一方面，中东欧国家地处欧洲，具有良好的地理位置，经济发展水平较高，社会发展较为稳定。另一方面，这些国家和地区在不断转型发展过程中与中国始终保持较为良好的关系。随着不断深入的交流和了解，双方的合作愈加密切，因此在"一带一路"倡议的推动下，还将涉及更多的合作领域。

中亚5国，从测评分值来看，都属于高风险国家。对于中亚5国存在较高的政治风险，可以从两个方面进行解释。一方面，由于地理位置和气候因素，这些国家的经济发展基础并不理想；另一方面，中亚地区的民族纷争和宗教矛盾具有一定的历史因素，不同的宗教政策和文化会对政局稳定造成隐患。

5.2   "一带一路"沿线国家经济风险的识别

5.2.1   "一带一路"沿线国家经济风险评判

国家经济风险往往是国家经济社会发展中的不确定性因素，会增强投资收益的不确定性，带来一定的投资风险。在本书的研究中，国家经济风险主要体现在对外开放程度、投资政策、税收制度和资源条件这4个方面。

对外开放程度是营商环境的重要因素之一，对外开放程度越高，营商环境越宽松，对于投资的吸引力也会随之提高。较高的对外开放程度，不仅能够提高投资吸引力，而且有助于降低交易成本和创业成本。从经济发展阶段来看，"一带一路"沿线国家中，大多数国家都属于新兴经济体和发展中国家，对外开放程度和营商环境并不理想，这就导致大量跨国企业需要面临较高的经济风险和投资不确定性。根据世界银行发布的《全球营商环境报告：衡量监管质量与有效性》报告，"一带一路"沿线国家中，柬埔寨是开办企业难度最高的国家，创办企业需要多重手续和较长时间；在合同执行方面，缅甸的情况较为糟糕，从提起诉讼到实际付款大概需要超过 1 000 天的时间，且相关费用占索赔金额的 52%；在办理施工许可证的难度方面，阿富汗、阿尔巴尼亚、叙利亚都手续繁多，时耗较长，难度较大。

财税政策的变动也会增加对外投资的经济风险，而进行跨国投资，不可避免地就是外币兑换，东道国货币币值的变动直接影响跨国公司的实际利润水平。这种由汇率变动引发的经济风险，通常被称为汇率风险。经济学人智库（EIU）对全球国家的货币风险进行了评估和排序，在全球货币风险最大的 20个国家中，有 11 个是"一带一路"沿线国家，其中叙利亚的货币风险是全球平均水平的两倍，具有极高风险，主要为多年战乱和美国、欧洲国家经济制裁而使得国家外汇储备持续减少所致。

在资源条件方面，"一带一路"沿线国家中很多国家资源储备丰富，部分国家对于本国资源依赖性较高，属于资源型国家。这类国家的产业结构往往较为单一，对于出口依赖程度较高。例如，沙特阿拉伯、科威特等国家的石油资源丰富，对外出口依存度较高，国际油价波动会导致这些国家原油出口下滑，预算赤字飙升，相应的财税措施必须随之调整。根据国际货币基金组织（IMF）的预测，如果 2016~2021 年，原油价格持续保持较低水平，那么阿尔及利亚、巴林、阿曼苏丹国和沙特阿拉伯等国家的财政赤字将会超过其目前的流动财务储备资金。

5.2.2 "一带一路"沿线国家经济风险量化分析

本书的研究主要从对外开放程度、投资政策、税收制度和资源条件这 4 个角度来衡量国家经济风险。在综合现有文献和数据可得性等多方因素的基础上，构建贸易开放程度指数、投资开放程度指数、汇率波动指数、通货膨胀指数、偿债能力指数、收入分配效率指数、经济发展基础指数和经济增长潜力指数这 8 个指数对"一带一路"沿线国家的经济风险进行量化分析。

对外开放程度方面,构建贸易开放程度指数和投资开放程度指数。其中,贸易开放程度指数由进出口总额在 GDP 中所占比重进行测算,投资开放程度指数由外商直接投资和对外直接投资总额在 GDP 中所占比重进行测算。

投资政策方面,构建汇率波动指数和通货膨胀指数。在对外投资过程中,汇率的波动情况对投资者的经营成本和效益会产生直接的影响。相对来说,汇率稳定性较高的国家和地区,投资稳定性也更强。通货膨胀率指数用来衡量市场稳定情况,当货币发行量超过流通中所需要的货币量时会引起货币贬值的现象,即出现通货膨胀。通货膨胀率与税率之间还存在着一定的传导机制,通常情况下,一国的通货膨胀率能够释放出价格信号。

在税收制度方面,构建偿债能力指数和收入分配效率指数,从两个维度评估一国税收制度对国外国内所产生的影响和存在的风险。偿债能力指数以负债率作为评估指标。负债率,即政府债务余额占 GDP 的比重,是用来衡量经济总体规模对政府偿债承载能力的重要指标。按照《马斯特里赫特条约》,将负债率 60% 作为政府债务风险控制标准的参考值,国际社会也通常认为,当一国的负债率高于 60% 的时候,国家经济增长会受到抑制。2008 年全球金融危机之后,国际社会对于政府负债率的关注度有所提高,因为过高的负债率会导致债务危机,尤其在全球经济联系日益紧密的背景下,其危害会被进一步延伸和放大。因此,在评估一国经济风险的过程中,要充分关注政府负债率指标。收入分配效率指数则以基尼系数作为评价指标,基尼系数是国际上通用的经济指标,通常用来衡量一国或地区居民的收入差距。

在资源禀赋条件方面,构建经济发展基础指数和经济增长潜力指数,分别选取人均 GDP 和人均 GDP 增长率为具体评价指标。在衡量一国或地区的经济发展水平时,通常会选取 GDP 总量指标。但是,本书希望能够突出不同人口规模下一国经济发展的客观情况,以及未来经济增长的潜力,因此选取人均 GDP 和人均 GDP 增长率作为评价指标。

上述指标的数据来源主要包括世界银行、国际货币基金组织的公开数据,删除数据不全年份,最终使用 2006～2015 年数据。在数据处理过程中,参考张明(2016)的方法对各项指标进行标准化处理,即通过对原始数据的线性转换,使数值结果在 [0,1] 的区间范围内,评估值越高表明风险越低,具体转换函数见式（5.1）：

$$X^* = 1 - \left| \frac{X - X_{适宜值}}{Max - Min} \right| \qquad (5.1)$$

式（5.1）中，X^* 表示 X 标准化之后的数值，$X_{适宜值}$ 表示风险最低时的指标值，Max 为样本中的最大值，Min 为样本中的最小值。

从模型中可以看出，完成标准化处理的关键问题是找到恰当的适宜值，通常的做法是设定一个绝对适宜值，或者从样本中获取相对适宜值，本研究过程中采用第二种方法，同时将各项指标赋予同等重要权重并将加权平均数作为最终的风险指数，从而获得经济风险指数。需要指出的是，鉴于部分国家数据并不完整，故在最终的风险评估中进行了剔除。经济风险评估结果见图 5 - 1。

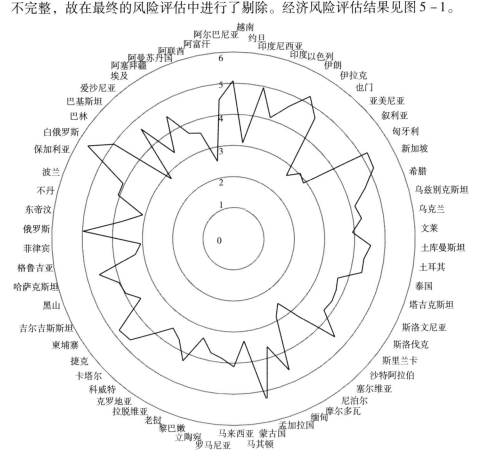

图 5 - 1 "一带一路"沿线国家经济风险评估结果雷达图

从评估结果来看，在"一带一路"沿线的国家和地区中，都存在一定的经济风险，但是表现形式有所不同。例如，有些国家的经济风险主要源于其自身经济发展陷入低谷，其中一些国家的经济基础较差，产业结构不合理，缺乏促进经济增长的核心动力，一些国家则是因为受到国际经济形势的影响而导致经济停滞。

总体来看，东亚、东南亚地区的投资环境较好，经济风险相对较小，尤其是新加坡，在对外开放程度、投资政策、税收制度和资源条件等方面的评价分值都显示其投资风险小，预期投资收益良好，是"一带一路"建设中具有良好的合作空间和发展前景的国家。中东地区受到汇率变动的影响较为明显，事实上，中东地区始终处于国际政治局势和国际石油市场的焦点，因此这一地区的投资也始终面临较高风险。

在东北亚地区，俄罗斯的风险评估值表明这一地区的投资仍然面临较高风险，而未来几年，中欧班列的开通将对区域经济往来和全球经济格局产生极为深远的影响，这也意味着要高度重视在俄罗斯地区的经济投资风险。一方面，尽管俄罗斯近年来减少了对外投资的限制条件，逐步放宽投资领域，但是由于汇率和通货膨胀因素的影响，使得俄罗斯在获取外商投资方面的吸引力并不高。另一方面，美欧与俄罗斯之间的紧张关系使得俄罗斯面临制裁的可能性，因此也提高了经济投资的风险。

5.3 "一带一路"沿线国家社会风险的识别

从人类历史发展过程来看，宗教、文化是人类文明得以传承的基础，能够推动世界各国的友好往来。但是，近年来全球范围内发生的很多武装冲突事件都和民族、宗教问题有关，如国际社会打击"伊斯兰国"武装行动、印度和巴基斯坦的领土争端、阿富汗战争、乌克兰内战、叙利亚战争、伊拉克国内冲突等。从地域分布来看，这些武装冲突事件大多集中在中东地区、南亚部分地区和非洲东北部地区，"一带一路"沿线的很多国家和地区都受到了暴力恐怖势力、宗教极端势力和民族分裂势力的破坏和影响。因此，在推动"一带一路"建设的过程中，不仅要对沿线国家和地区的宗教、民族问题进行前瞻性认识和预判，也应该努力发挥宗教的正面作用，促进各国友好往来，推动区域和平发展。

在本书的研究中，国家社会风险主要体现在法治能力、民族风俗和文化传统三个方面。总体来说，国家社会风险呈现地域性、不确定性、突发性和动态性等特点。通常，社会风险并不局限于某个行政地区，而是在具有相似、相近习俗的区域范围内，这些地区之间可能跨越国别。社会风险往往具有不确定性和突发性，社会风险转化为社会矛盾和社会危机，可能并不是由政府推动，而是由群族首领或某个人、组织带动推进的，在发生恶性事故的时候具有突发性。

本书的研究从法治能力、民族风俗和文化传统三个方面对境外投资的社会风险进行分析和梳理。在法治能力方面，借鉴全球治理指数（WGI）的法治水平指数（Rule of Law）的测评结果（取其 2006~2016 年结果的平均值）。在世界银行全球治理指数中的法治水平指数侧重评估一个国家或地区的法治水平对一国政治和经济环境的影响，以及由此对投资者投资行为和决策所产生的影响。具体涉及的法治观念包括司法独立、司法公信、行政责任、犯罪控制以及知识产权保护等。在民族风俗和文化传统方面，借鉴联合国开发计划署 2006~2016 年的人类发展指数（human development index，HDI）并取其平均值。人类发展指数（HDI）是由联合国开发计划署于 1990 年创立的，从预期寿命、教育水平和生活质量三个方面对世界各个国家和地区的人类发展水平进行测评和比较。

本书在借鉴上述评价方法的基础上，对评价结果进行加权平均，从而形成最终的结果，如表 5-2、图 5-2 所示。

表 5-2　　　　　"一带一路"沿线国家社会风险评估结果

国家	评估值	国家	评估值	国家	评估值
新加坡	1.14	罗马尼亚	0.58	印度尼西亚	0.30
爱沙尼亚	0.96	黑山	0.55	乌克兰	0.28
斯洛文尼亚	0.92	土耳其	0.53	阿塞拜疆	0.28
以色列	0.91	保加利亚	0.53	伊朗	0.25
捷克	0.91	斯里兰卡	0.51	白俄罗斯	0.25
立陶宛	0.83	格鲁吉亚	0.50	孟加拉国	0.15
卡塔尔	0.83	不丹	0.49	尼泊尔	0.15
拉脱维亚	0.82	泰国	0.47	老挝	0.12
匈牙利	0.79	塞尔维亚	0.44	巴基斯坦	0.12
波兰	0.79	波黑	0.42	叙利亚	0.11

续表

国家	评估值	国家	评估值	国家	评估值
希腊	0.77	印度	0.41	吉尔吉斯斯坦	0.10
文莱	0.76	蒙古国	0.40	乌兹别克斯坦	0.09
斯洛伐克	0.75	亚美尼亚	0.39	塔吉克斯坦	0.08
阿联酋	0.74	阿尔巴尼亚	0.38	东帝汶	0.08
阿曼苏丹国	0.70	埃及	0.36	柬埔寨	0.06
巴林	0.69	摩尔多瓦	0.35	土库曼斯坦	0.04
马来西亚	0.68	哈萨克斯坦	0.34	也门	−0.01
科威特	0.67	菲律宾	0.33	伊拉克	−0.02
克罗地亚	0.63	越南	0.33	缅甸	−0.04
约旦	0.62	黎巴嫩	0.31	阿富汗	−0.19
沙特阿拉伯	0.61	俄罗斯	0.31		

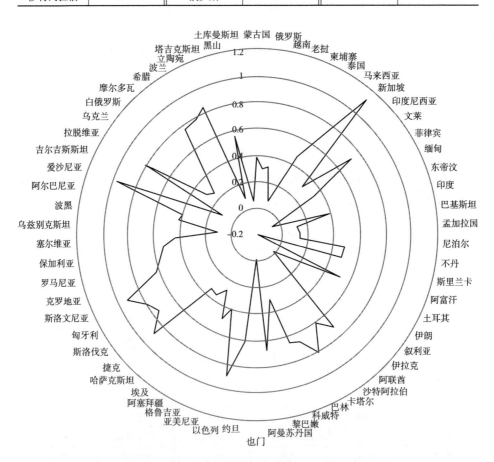

图 5 – 2   "一带一路"沿线国家社会风险评估结果雷达图

从整体来看，"一带一路"沿线国家的社会风险评估结果分布较为分散，众多国家之间的情况并不一致，表示各国的社会风险情况较为复杂。总体来看，有 22 个国家的社会文化环境处于较为理想的状态，社会动荡风险不高，其他国家的评分情况显示都在不同程度上存在风险。但是，也并未出现风险极高的情况，这表明如果不存在极端情况，那么在"一带一路"沿线的投资可能并不会受到较为严重的社会文化风险的影响。事实上，随着近年来国际社会对于"一带一路"倡议的深入了解，中国企业在"走出去"过程中能够通过更有效地沟通和交流来增进了解，减少因文化、习俗等问题带来的影响。

从区域视角来看，中东欧地区的社会文化风险较小，西亚和中东地区以及东南亚的社会风险指数评估优于东北亚和中亚地区。具体来看，在中东欧的 20 个国家中，爱沙尼亚、斯洛文尼亚、捷克、立陶宛、拉脱维亚、匈牙利、波兰、希腊和斯洛伐克的社会文化风险都较低。究其原因，上述国家的宗教文化并不复杂，社会稳定，同时，社会保障体系较为完善，尤其是中东欧地区大部分是高收入国家，在医疗、公共卫生服务等方面的保障体系较为健全。而且，上述国家往往都高度重视基础教育，也建立了相对完善的法律体系。在吸引外资方面，这些国家也能够对投资者提供相对公平的政策支持，提供优惠的投资政策和法律支持。需要单独指出的是，虽然中东欧整体的风险评估较好，但是评分首位的是位于东南亚的新加坡。事实上，新加坡与中东欧获得较好评分的原因有很多相似之处，例如良好的经济发展基础、严格完备的法律体系、发达的医疗和教育制度等。

在社会文化风险方面处于中间水平的是西亚、中东和东南亚地区，这些地区的国家在社会习俗、历史背景、宗教文化等方面存在一定共性，但是具有更明显的多样性。一方面，这些国家本就集中了印度教、佛教和伊斯兰教等多元宗教文化，在全球化进程中又受到来自外部的多元文化的侵入，使得本就复杂的宗教文化问题更加突出；另一方面，上述国家在领土边界等问题上的历史纷争一直没有得到彻底解决，因此存在着一定的隐患，甚至存在极端恐怖主义侵袭的隐患。同时，经济的落后和社会制度的不健全，也进一步恶化了社会腐败问题，从而形成了恶性循环。

相对而言，中亚地区的情况较为复杂。受到地理位置和资源条件的限制，中亚5国在苏联解体之后的经济发展相对缓慢。同时受到一定历史因素的影响，中亚5国的文化冲突更具复杂性和多样性，伊斯兰教和基督教的势力争夺始终未得到平息，宗教文化对社会局势造成很深刻的影响。同时，由于法律制度的不健全，社会上的腐败现象较为严重。综合多方面的因素，中亚地区在社会文化方面的营商环境并不理想。

5.4　"一带一路"沿线国家技术风险的识别

在国际贸易往来和国际合作过程中的国家技术风险往往是双向的，企业不仅要防范侵权诉讼的风险，也要考虑如何保护本国核心技术。在中国企业"走出去"的过程中，已经多次遇到相关问题，例如"飞鸽""长虹""王致和"等商标在境外被抢注事件、德国宝马诉讼中国双环CEO车型外观设计专利侵权、杜比AB公司起诉中国OPPO和VIVO手机等案例。在"一带一路"建设过程中，由于沿线各国的知识产权制度相对比较落后，知识产权诉讼和争端时有发生，因此对中国企业而言，要从多个角度防范国家技术风险，寻求更加有效的方式保护本国和企业利益。

本书借鉴现有的研究成果，采用世界经济论坛发布的《全球竞争力报告》中的知识产权保护指数对"一带一路"沿线国家和地区的知识产权保护情况进行评估。按照《全球竞争力报告》的测算标准，如果一国的知识产权保护最为完善则获得评分为7分，没有知识产权保护的国家评分为1分，其他国家按照知识产权保护力度获得1~7分的评分，评分数值越高表明该国的知识产权保护程度越高，这意味着在进行境外投资过程中，评分高的国家具备较低的技术风险。

在数据处理方面，综合2008~2017年数据，部分国家在一些年份的数据缺失，最终获取59个国家的测评结果并分别取其平均值，结果如表5-3、图5-3所示。

表 5－3　　　　　"一带一路"沿线国家技术风险评估结果

国家	指数	国家	指数	国家	指数
新加坡	6.18	拉脱维亚	3.87	摩尔多瓦	3.01
卡塔尔	5.51	印度尼西亚	3.81	格鲁吉亚	3.01
阿联酋	5.36	科威特	3.77	保加利亚	2.99
马来西亚	5.02	阿塞拜疆	3.76	伊朗	2.94
爱沙尼亚	4.94	波兰	3.72	柬埔寨	2.94
巴林	4.94	老挝	3.64	俄罗斯	2.92
阿曼苏丹国	4.94	克罗地亚	3.63	塞尔维亚	2.90
以色列	4.88	塔吉克斯坦	3.56	阿尔巴尼亚	2.89
沙特阿拉伯	4.78	叙利亚	3.56	尼泊尔	2.87
约旦	4.58	哈萨克斯坦	3.50	乌克兰	2.81
斯洛文尼亚	4.40	罗马尼亚	3.49	黎巴嫩	2.78
不丹	4.28	菲律宾	3.45	缅甸	2.74
捷克	4.16	马其顿	3.43	蒙古国	2.69
文莱	4.11	黑山	3.39	吉尔吉斯斯坦	2.66
希腊	4.00	土耳其	3.35	东帝汶	2.59
斯里兰卡	3.98	泰国	3.34	波黑	2.55
匈牙利	3.96	埃及	3.31	孟加拉国	2.52
斯洛伐克	3.91	亚美尼亚	3.30	也门	2.20
印度	3.91	巴基斯坦	3.18		
立陶宛	3.90	越南	3.08		

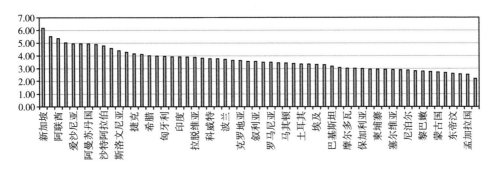

图 5－3　"一带一路"沿线国家技术风险评估结果

从测评结果来看，"一带一路"沿线国家和地区在知识产权保护方面的整体情况并不理想，不同国家的差异性较为明显。除了新加坡评分较高外，中东地区的部分国家得分也较高，因此这些地区具有较为完善的法律制度和经济基础；南亚和东南亚地区，除马来西亚的评分较高，其他一些国家经济发展相对滞后，在知识产权保护方面的力度不足。根据世界知识产权组织（WIPO）的信息，当前有28个国家尚未成为国家专利体系（PCT）缔约国，其中就包含也门、巴基斯坦、尼泊尔、科威特、黎巴嫩、伊拉克和孟加拉等国家。

2018年中国经济信息社和中国国际技术智力合作公司联合发布了《"一带一路"沿线国家知识产权系列指数报告》，在参照国际上已有的研究成果和评价体系的基础上，构建了包含专利水平、法律环境、研发实力、市场活跃度、制度环境、经济环境六大指数，对一个国家的知识产权制度的完善程度、运行情况以及技术贸易发展潜力等方面进行总体评估。研究报告以"一带一路"沿线65个国家为研究样本，系统梳理了各国在知识产权制度及立法基本情况、知识产权申请授权的基本情况以及重点领域等情况。报告指出，"一带一路"沿线国家和地区在知识产权保护方面的差异性大且产权保护的环境正处于不断优化的过程中，新加坡、马来西亚、以色列在法律环境、研发力度等方面表现良好；捷克、土耳其和波兰在专利水平、市场活跃度等方面表现良好。

综合测评结果和已有研究发现，中国企业在"走出去"的过程中，要高度重视知识产权保护问题，重点关注新加坡、马来西亚、俄罗斯、印度、阿联酋等国家和地区，不断提高创新能力，完善知识产权保护机制，为"走出去"的中国企业提供更多的技术支持和战略保护。

5.5　小结

识别并评估投资风险是为了能够更好应对风险，减少投资损失，保护经贸合作双方的共同利益，实现可持续发展。应对境外投资风险，并不是企业自身能够完成的，需国家、行业和企业以及社会组织等多个层面的合作，提高"抱团出海"的抗风险能力和走向国际市场的竞争力。在政治、经济、文化和技术四个方面对"一带一路"沿线国家和地区的国家风险进行识别的基础上，本书认为应该从以下几个方面提高防范风险的能力。

密切关注国际形势，联合国际社会多方力量，形成政治风险预警机制。从政治风险的主要影响因素来看，国家政局的稳定性和国际形势紧密相关，因此能否全面获取并准确把握国际局势成为应对政治风险的前提条件。一方面，借鉴行业专家对国际形势和"一带一路"沿线国家的政治局势的分析，综合国际社会公认的评估指数结果，形成政治风险预警机制。另一方面，提高处理国际事务的能力和水平，增进国际交流，提高与各国政府、社会团体进行交流合作的水平，增进了解和互相尊重，降低政治风险产生的负面影响和损失。对具有较高政治风险的国家和地区，密切关注其政治局势，防患未然；对于已有投资的国家和地区，要进一步完善领事保护制度，给驻外企业和员工提供切实的保护。与此同时，在"一带一路"建设过程中，中国政府和企业的投资建设活动有助于区域合作和发展，在应对政治风险的过程中，可以与国际组织和区域性组织展开更多深入合作。事实上，在应对恐怖组织、民族宗教产生的危机、战乱等问题时，国际社会都应更加团结，共同面对。例如，上海合作组织、亚太自贸区、跨太平洋伙伴关系协议等机制，都是旨在维护地区和平的区域性组织。

进一步推进境外投资保险制度。国家风险保险是防范、化解在跨国投资和贸易往来过程中国家风险的一种常见工具。通常情况下，承保机构多是以各国政府为主导的出口信用机构、国际多边担保机构以及其他商业性保险公司。目前，已经有很多国家都对本国企业在境外的资产提供保险业务，如中国出口信用保险公司，即由中国政府独自承办的出口信用保险业务的政策性保险公司。投保出口信用保险可以减少企业因东道国的政治动乱、外汇挤兑、战争或政府征收等风险带来的损失。

以多元化投资策略和灵活性市场决策化解经济风险。具体来说，可以在投资地区、国别、行业、产品等多个维度采取多元化投资的战略来分散风险。在高风险国家和地区的投资，不仅要考虑主要经济指标的现实表现，也要充分考虑国家层面的国家信用风险，对国家信用风险较高的地区不要盲目投资项目，在借款时也要慎重决策。同时，投资者可以在生产经营过程中，全面把握东道国的投资政策变动，提高投资决策的灵活性。

重视本地化战略的落实，防范地方保护主义风险。投资前期就对东道国的法律体系、历史发展、文化习俗和行业规定等信息进行全面了解，聘用熟悉情况的专业人士，在员工构成、原材料采购和产品销售等方面尽可能实现本土化。在经营合作过程中，培育利益共同体，尝试股权合资等合作方式，降低在东道国市场的准入门槛和潜在风险。同时，也要提高"走出去"企业国际化人才的储备，做好法律保障、公关处理等领域涉外事务的处理和应对，维护企业形象和利益，防范风险。

在知识产权保护方面，既要有事前防范，也要提供必要的援助支持。首先，建立信息交流和共享平台，构建沿线国家知识产权信息共享和防范机制，让"走出去"的企业能够"抱团出海"，减少知识产权纠纷。这需要政府部门提高社会服务能力，为出海企业提供信息支持，如知识产权信息化部门和知识产权审查部门的协同合作，提供知识产权保护相关的信息披露、预警咨询等服务。

其次，通过"政府机构 + 行业协会 + 国际组织 + 企业互助"的形式为更多中小企业提供必要的涉外知识产权纠纷援助支持。随着越来越多的中小企业"走出去"，在"一带一路"沿线国家和企业进行投资合作，企业面对涉外知识产权诉讼时往往显得过于被动，无力应对，因此可以通过政府牵头，协同行业协会共同形成法律援助机制，提供必要的发展援助和支持，让中小企业的知识产权得到保障，面对相关诉讼纠纷时也能够得到合理保护。同时，知识产权保护也需要国际合作，发挥国际组织的优势共同构建知识产权国际合作协调机制。在国际合作不断深入的过程中，国际规则重构已经成为一种必然趋势，积极寻求国际合作，逐步在更广阔的范围内签订合作条约、备忘录等，有利于提高在知识产权领域的国际影响力，有利于共同营造促进科技创新和技术进步的良好环境，推动技术进步的可持续发展。

最后，在企业层面也要不断提高知识产权保护的意识和能力，完善知识产权境外布局，形成行业联盟，积极应对境外知识产权诉讼。对中国企业而言，要充分了解"一带一路"沿线国家和地区的法律环境，重点关注《知识产权法》《环境保护法》《劳工保护法》等与企业投资和运营相关的法律法规，并聘请本土专业人士提供必要的咨询服务和专业指导。同时，形成行业知识产权联盟，提高同行业、同领域内不同企业之间的合作和抗风险能力，使企业在应对境外知识产权诉讼和纠纷时具备更积极的应对和保护能力。

第6章
产业方向的判定——中观层面

6.1 中国对外投资行业分布概述

中国企业在"走出去"的过程中，由于东道主国家经济、政治、文化等背景多种多样，投资过程中面临着不同的风险和挑战，因此不同企业针对不同地区的投资领域不同，产业发展空间也不尽相同。

从中国企业"走出去"近几年的调查结果来看，对于整体投资国家来说，能源与矿业、制造业、生物技术、医疗健康是企业境外投资的热门领域。中央企业在能源与矿业、基础设施的境外投资显著，借助国家资源和政府支持的优势发展基础产业；民营企业在制造业、生物技术、医疗健康、电信媒体等领域更为突出，充分发挥民营企业灵活多变、强调创新和引领的优势；中外合资企业在制造业、金融、保险、证券等方面突出。中央企业、国有企业在媒体和科技领域投资少；民营企业在化工、贸易领域投资少；外资企业或中外合资企业在化工、贸易涉猎较多，但是几乎不会涉足农林牧渔等第一产业。从整体情况来看，所有企业在能源及矿业的投资占一半以上，制造业次之，占45%，生物技术、医疗健康和基础设施分别占35%和32%，高科技互联网和化工仅占3%和1%，拥有强大的投资发展空间，具体见图6-1。

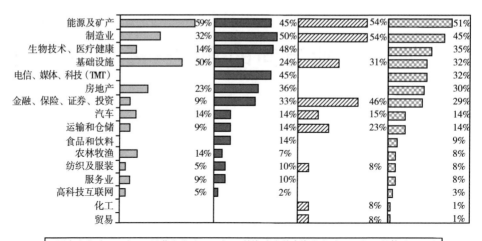

图 6-1 境外投资经营领域分布

在企业投资规模方面，70%的中央企业、国有企业投资超过 1 亿元人民币，民营企业和中外合资企业投资金额集中在 1 亿元以上和 1 000 万~5 000万元之间。投资金额在 500 万元以下的，中央企业、国有企业仅占有 3%，民营企业和外资企业分别占 19% 和 13%。整体投资情况较为均衡，近一半的企业投资额度在 1 亿元以上，1 000 万~1 亿元之间的占 27%，500 万~1 000 万元的占 12%，具体见图 6-2。

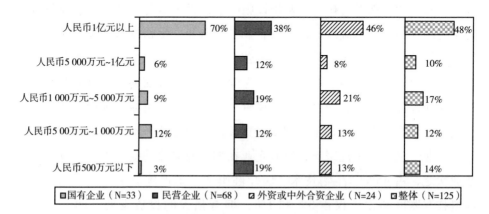

图 6-2 企业境外投资或计划投资情况

中国企业对"一带一路"国家的投资与整体投资情况基本一致，因此在产业发展上,能源矿产和基础设施发展良好,但是制造业、房地产和医疗健康等行业有较大的发展空间。目前的金融、保险、证券、电信、媒体科技前景较好,食品和饮料、纺织和服装等第二产业的投资力度较小,而第二产业未来将会有广阔的境外市场,中国企业应该瞄准市场需求大的国家进行重点投资,加快第二产业"走出去",同时与东道主国家实现互惠共赢,具体见图6-3。

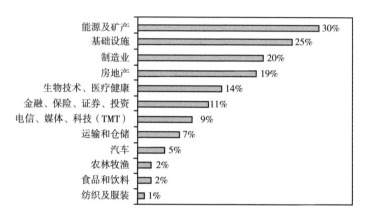

图6-3 企业境外投资行业分布

6.2 中国对"一带一路"沿线国家直接投资产业选择分析

6.2.1 中国对"一带一路"沿线国家直接投资产业选择的影响因素

基于母国经济发展战略及东道国产业发展需求,对外直接投资成为全球化发展的必然趋势。根据邓宁(Dunning,1988)的理论,跨国公司对外直接投资分为资源寻求型、市场寻求型、效率寻求型和战略资产寻求型四种类型。因此,可以认为东道国的资源禀赋、市场规模、创新能力和战略地位等因素会对母国对外直接投资产生影响,尤其是对外直接投资过程中的产业选择问题。产业选择属于一种受多种因素影响的决策行为,是一个动态过程且通常是无法直接度量的。所以，一般用产业结构升级的效应度量对外直接投资所选择的产业优劣。对外直接投资的目的就是为了促进国内产业结构优化升级（李逢春，2013），因此，母国产业选择的优劣以母国产业结构优化升级来评价有一定的合理性。本节主要从实证方面探讨东道国的资源禀赋、市场规模、创新能力和战略地位对母国产业结构升级的影响。

1. 模型假设

东道国资源禀赋因素："一带一路"沿线国家具有丰富的燃料与矿石等自然资源，其提供的资源越多，资源成本越低，越有利于中国企业将资源消耗型企业转移进去，越有利于中国国内产业结构的升级。

假设1：东道国的资源越丰富，对母国产业结构升级的影响越大。

东道国市场因素：东道国市场因素包括东道国市场规模等。东道国的市场规模越大，越有利于中国消化制造业过剩产能而获得超额利润，从而为企业研发提供更强大的资本，使得中国的产业层次不断优化升级。

假设2：东道国市场规模越大，对母国产业结构升级的影响越大。

东道国创新能力因素：东道国创新能力因素包括研发投入水平、知识创造能力、科技成果转化能力和创新环境等因素。东道国创新能力越强，技术溢出效应越明显，越有利于对外投资的企业利用和吸收当地的创新资源，提升技术创新水平，并且将这种创新效应传导到国内，提高产业技术水平，有助于中国产业结构的优化升级。

假设3：东道国的创新能力越高，对母国产业结构升级的影响越大。

东道国战略地位：战略地位可以用母国与东道国的地理距离来衡量。距离是对外直接投资成本的体现，投资目的地越远，运输与交易成本越高，越不利于企业进行投资来促进国内产业升级。

假设4：东道国对于母国的战略地位越重要，对母国产业结构升级的影响越大。

2. 模型建立

参考李坤（2016）将中国对东道国的直接投资存量（OFDI变量）进行分

解，同时将东道国市场要素、资源要素、技术要素和战略要素以及母国的国内生产总值、人口等变量考虑在内，建立以下面板模型用以研究中国对外直接投资产业选择的影响因素。具体见式（6.1）。

$$
\begin{aligned}
s_t = {} & a + \beta_1 market_{i,t} \times lnofdi_{i,t} + \beta_2 technology_{i,t} \times lnofdi_{i,t} \\
& + \beta_3 resource_{i,t} \times lnofdi_{i,t} + \beta_4 startegy_{i,t} \times lnofdi_{i,t} + \lambda_1 lnY_t \\
& + \lambda_2 lnN_t + \lambda_3 lnfdi_t + \lambda_4 lnexport_t + \lambda_5 lnimport_t + \varepsilon_t
\end{aligned} \tag{6.1}
$$

3. 变量选取及数据来源

根据已有研究，利用产业结构升级的效应度量对外直接投资的产业选择优劣。母国产业结构升级指标的测度采用产业结构层次系数（s），该指标目前在测度产业结构方面有较为广泛的使用，其构建公式为：

$$
s = \sum_{i=1}^{3} y_i i = y_1 \times 1 + y_2 \times 2 + y_3 \times 3 \tag{6.2}
$$

式（6.2）中，s（$1 \leqslant s \leqslant 3$）为母国的产业结构层次系数，当 s 越接近于 1，第一产业在母国国内生产中所占的比重越高，产业结构层次越低；相反，当 s 越接近于 3，说明母国国内生产中的产业层次越高。其中，i 表示第 i 产业，y_i 表示第 i 产业增加值占国内生产总值的比重。

战略变量可以用母国与东道国的地理距离来衡量。但"一带一路"沿线国家众多，且每个国家的面积较大，因此，用直线距离衡量投资国和东道国的地理因素不合适，所以将"一带一路"沿线国家划分在不同的区域，采用区域的相对重要性考察地理因素对投资产业选择的影响，即根据"一带一路"沿线国家的区位不同，将沿线国家按所处地理位置的重要性分为"核心区""扩展区""辐射区"，分别赋值为 3、2、1。

其余变量选取如下：（1）人均国内生产总值是衡量一国经济增长水平的重要指标，因此选取东道国人均 GDP 来反映东道国市场要素水平；（2）东道国高科技产品出口虽然不能全面体现一国的创新活动，但仍可被视为对一国科技创新水平的可靠度量，因此选取东道国高科技产品出口占制造业出口比重作为东道国科技水平的代理变量；（3）东道国资源禀赋通过计算东道国出口的燃料与矿产资源占东道国总出口的比例来衡量，以此反映一国可供他国使用的资源密度。本节还选取了母国内生产总值（$\ln Y$）、人口数量（$\ln N$）、接受的对外直接投资总额（$\ln fdi$）、出口额（$\ln export$）和进口额（$\ln import$）来作为控制变量，为了数据的平稳性均用其对数表示。具体变量的符号及解释见表6－1。

表6－1 模型主要变量的度量和说明

变量符号	指标	指标度量	变量类型
s_t	中国对外直接投资产业选择	母国产业层次系数	被解释变量
$market_{i,t} \times lnofdi_{i,t}$	市场要素变量与对外直接投资变量的交互项	东道国人均 GDP × 东道国直接投资存量	主要研究变量
$technology_{i,t} \times lnofdi_{i,t}$	技术要素变量与对外直接投资变量的交互项	东道国高科技产品出口占制造业出口比重 × 东道国的直接投资存量	主要研究变量
$resource_{i,t} \times lnofdi_{i,t}$	资源要素变量与对外直接投资变量的交互项	东道国燃料和矿产品出口占总出口比重 × 对东道国的直接投资存量	主要研究变量
$startegy_{i,t} \times lnofdi_{i,t}$	战略要素变量与对外直接投资变量的交互项	东道国战略位置 × 东道国的直接投资存量	主要研究变量
$\ln Y_t$	母国经济发展水平	母国国内生产总值	控制变量
$\ln N_t$	母国人口情况	母国人口数量	控制变量
$\ln fdi_t$	母国接受对外直接投资情况	母国接受的对外直接投资总额	控制变量
$lnexport$	母国出口变量	母国出口额	控制变量
$lnimport_t$	母国进口变量	母国进口额	控制变量

中国对外直接投资在全球金融危机过后发展迅猛，故选取 2008 年为起始年份，接着剔除"一带一路"沿线数据缺失的国家，最终选用"一带一路"沿线 47 个国家 2008～2015 年的数据进行分析。其中，中国三次产业数据、人均国内生产总值、总人口、利用外商直接投资金额、进口总额、出口总额均来自《中国统计年鉴》（2009－2016）；中国对"一带一路"沿线国家直接投资的存量、"一带一路"沿线国家人均国内生产总值、燃料矿石出口占总出口的比重等来自国泰安数据库（CSMAR）；高科技产品出口占制造业总出口比重来

自世界银行数据库（World Bank Data）。

4. 结果与分析

首先是主要变量的描述性统计，具体结果见表6－2。

表6－2　　　　　　　　　　　主要变量的描述性统计

变量	观测值	均值	标准差	最大值	最小值
s	376	2.4115	0.0343	2.4810	2.3540
$\ln Y$	376	13.0954	0.2642	13.4393	12.6808
$\ln N$	376	11.8137	0.0113	11.8311	11.7967
$\ln fdi$	376	16.2062	0.1148	16.3513	16.0131
$\ln export$	376	11.6835	0.1846	11.8768	11.3148
$\ln import$	376	11.5155	0.1952	11.7039	11.1363
$market$	376	8.6936	1.2666	11.3915	6.1609
$resource$	376	0.2096	0.2169	0.9324	0.0007
$technology$	376	0.3494	0.2142	0.8574	0.0031
$startegy$	376	1.8723	0.8670	3	1

从表6－2中可以看出，（1）中国产业层次系数（s）的最大值与最小值差距不大，且均大于2，说明中国国内生产中的产业不再以工业为主，已经到了向第三产业转型升级的阶段；（2）中国的国内指标（母国国内生产总值、人口数量、接受的对外直接投资总额、出口额和进口额）增长率都比较平稳，标准差在可以接受的范围之内；（3）东道国的市场要素变量标准差较大，说明东道国的市场规模存在一定的差距。总体而言，各变量的值都在可控范围内，没有出现异常值，可以进一步分析。

接着使用Stata软件对模型进行分析。同时进行固定效应和随机效应模型回归，并使用Hausman检验进行判定，最终选择固定效应模型。具体回归结果见表6－3。

表 6 – 3   面板回归结果

变量	产业升级	
	（1）	（2）
$market \times lnofdi$	0.019 *** （0.0043）	0.0002 * （0.0001）
$technology \times lnofdi$	0.0002 （0.0039）	− 0.0034 （0.0011）
$resource \times lnofdi$	0.0162 *** （0.0032）	00002 *** （0.0010）
$startegy \times lnofdi$	0.0015 （0.0022）	0.0007 ** （0.0003）
$\ln Y$	—	0.6853 *** （0.0145）
$\ln N$	—	− 12.2420 *** （0.3030）
$\ln fdi$	—	− 0.0778 *** （0.0034）
$\ln export$	—	0.4847 *** （0.0035）
$\ln import$	—	− 0.5852 *** （0.0064）
$cons$	2.1000 *** （0.0413）	140.4062 *** （3.4284）
R^2	0.2718	0.8663
样本量	376	376

注：*** 、** 、* 分别表示在 1%、5%、10% 的水平上显著（双侧），括号内数字为相应的标准误（双侧）。

从表 6 – 3 中可以看出：（1）在回归（1）中，东道国的市场因素、资源禀赋要素均在 1% 水平程度上显著，且均与母国产业结构呈现显著的正相关关系，说明中国对外直接投资过程中，开拓市场和寻求资源有助于国内产业结构升级。故假设 1 和假设 2 是成立的；技术因素和战略因素是不显著的，说明假设 3 和假设 4 是不成立的。但这里并未考虑中国国内的因素，结果不具有说服力。（2）在回归（2）中，加入了中国国内的控制变量，市场要素、资源要素和战略要素均通过了在 10% 水平下的显著性检验，且系数均为正，说明东道国的市场要素、资源要素和战略要素能够通过对外直接投资渠道对母国产业结构升级产生显著的促进作用，故假设 1、假设 2 和假设 4 成立。但技术要素与母国产业结构无显著相关性，与假设不相符，这主要因为"一带一路"沿线国家技术水平普遍不高，技术溢出效应不明显，东道国的技术要素不能通过对外直接投资渠道对母国产业结构升级产生促进作用。（3）主要研究变量的系数显著小于控制变量，意味着国内宏观因素及进出口、外资因素对母国产业结构的影响远远大于所考察的东道国市场要素、资源禀赋要素和战略要素，因此在回归过程中被解释变量更易受到控制变量的影响。

5. 结 论

东道国市场因素、资源禀赋因素及战略因素显著影响中国对外直接投资产业选择，而技术因素的影响作用不显著，这主要与中国对外直接投资导向和东道国本身发展情况等因素有关。

中国企业对外直接投资具有寻求市场的动机。当某一产业在母国的发展达到一定阶段，为消化过剩的产能，就要开辟新的市场，发挥国外市场的调节作用。东道国强大的市场能够帮助中国消化过剩产能，还可以使跨国企业获取更多的利润，从而为企业研发提供更强大的资本，使得中国的产业层次不断优化。

东道国的资源要素对母国产业结构升级的影响显著。东道国丰富的燃料与矿产等资源吸引中国企业将资源消耗型产业转移过去，不仅可以通过获得当地的廉价资源来赚取更高的利润，还可以将国内的重心向第三产业倾斜来促进国内产业结构的优化升级。

中国企业对外直接投资产业选择需考虑东道国的战略地位。当东道国处于"一带一路"沿线"核心区"时，说明其拥有一定的地理优势，各类生产要素的流动更为频繁，运输及交易成本都偏低，中国对其投资可以充分发挥其天然优势，在适合的产业都可以加大投资量；而对于"一带一路"沿线"扩展区"和"辐射区"，一般而言，其与中国的经济联系不是那么紧密，集聚各类要素和资源的能力不强，对其投资对国内产业结构升级的促进作用不明显。

"一带一路"沿线国家技术要素并不是促进母国国内产业结构优化升级的原因。获取先进技术是后发国家实现赶超的必由路径，但是"一带一路"沿线国家科技水平普遍不高，逆向技术溢出效应不明显，东道国的技术要素不能通过对外直接投资渠道对母国产业结构升级产生促进作用。换言之，中国对"一带一路"沿线国家进行投资的主要原因并不是寻求技术。

6.2.2 中国对"一带一路"沿线国家直接投资具体的产业选择

对外直接投资产业选择是指针对一国或地区不同产业投入成本和预期收益的权衡（李逢春，2013；周国兰等，2017），在比较中选取实现利益最大化的产业进行投资。中国作为发展中国家，产业结构高度化相比欧美发达国家还有一定的差距。欧美国家的市场化程度高，企业创新能力强，在对外投资过程中更多的是企业自负盈亏的过程，不需要关注产业结构调整等宏观因素。但是，中国对外直接投资的目的是实现产业结构优化升级，促进经济持续平稳增长。因此，中国对外投资时要慎重选择投资产业。随着国家主席习近平先后提出建设"丝绸之路经济带"和"21世纪海上丝绸之路"的倡议，中国在明显加快"走出去"的步伐。近十年来，中国对外投资存量连续高速增长，同时也体现在对外投资企业数量和投资次数的快速增多。但是，投资行业分布不均，投资失败率居高不下等都是中国对外直接投资面临的问题。作为中国对外开拓市场、寻求合作的标志性行为，"一带一路"倡议是开放发展理念的重要体现。在这个过程中，中国要解决好产业选择的问题，这对于中国化解国内产能过剩，推动产业结构动态调整，促进经济增长有着重要意义。

在上一节中，本书阐述了东道国内部因素对中国对外直接投资产业选择的影响机理与程度。研究发现东道国的资源禀赋、市场规模和战略地位对中国对外投资产业选择具有显著的影响作用，这些因素也与中国对外投资所追求的目标相契合。基于验证东道国因素对中国对外投资产业选择有影响的结果，本书利用实证方法检验了中国企业对外投资时具体应该选择哪些产业。当前研究关于对外投资产业选择的实证主要有四种方法：面板计量分析法（章昌裕和任思颖，2012），灰色关联度法（李逢春，2013），双目标模型法（雷鹏，2012），计算显示性比较优势指数和贸易特化指数法（周国兰等，2017）。结合本章的实际研究目标，借鉴李逢春（2013）所使用的方法，采用灰色关联度法来分析具体需要选择的产业。

1. 灰色关联度法

灰色关联度法是根据因素之间发展趋势的相似或相异程度来衡量因素间关联程度的一种方法。基本思路就是首先确定一个数列作为参考，同时确定其他若干需要与之比较的数列。然后依次两两比较参考数列和其他数列之间的几何形状的相关程度来判断它们之间的联系程度是否密切，另外也可以将关联度的大小进行排序，灰色关联度系数越大说明两个序列的同步变化程度和相关性也越高。灰色关联度可以分为综合关联度、绝对关联度和相对关联度，另外也有不同算法的邓氏关联度。本文将计算以上四种关联度来综合进行分析。具体计算过程如下：

第一步，确定参考数列和比较数列。参考数列即反映了系统行为，而比较数列则影响系统行为。

第二步，对参考数列和比较数列进行无量纲化处理。由于比较数列和参考数列来源于不同的指标，其计数方法和计量单位都不相同，直接比较会造成偏差。因此，要对数据进行无量纲化，增强可比性。

第三步，计算参考数列与比较数列之间的灰色关联系数，该系数可以反映曲线间几何形状的差别程度。曲线间差值的大小可衡量关联程度。

第四步，求灰色关联度。由于在选取数据过程中往往采用连续多年的数据，每个时间节点都有一个灰色关联系数。为统计成一个指标值，一般对所有年份的灰色关联系数求平均值，以此来表示灰色关联度。

第五步，进行排序。根据计算出来的灰色关联度，对数据进行大小排序。灰色关联度越大说明相关性越强。

2. 实证分析与结果

产业选择属于一种决策行为，是一个动态过程，这一过程受多种因素的影响，对于这一行为是无法直接进行度量的。国际直接投资和产业跨国转移理论认为，对外直接投资是母国产业结构演化升级的必然趋势。对外直接投资促进了产业转移，进而影响母国和东道国的产业结构。因此，考察产业选择是否有利于母国国内产业结构优化升级是一种有效的办法（程如轩和卢二坡，2001；李逢春，2013）。本书选取中国对外投资数据，利用灰色关联度法实证研究了中国对外投资过程中哪些产业对中国产业结构升级的促进作用明显，以此为依据来选择中国对外投资所需要投资的具体产业。

本书选取产业升级作为参考数列。借鉴李逢春（2013）的度量方法，产业升级指标用第一产业、第二产业和第三产业的劳动生产率与各产业总产值占GDP比重的乘积后的加权值来表示。

比较数列的选取。根据《中国对外直接投资统计公报》（2017）公布的数据显示，租赁和商务服务业、制造业、批发和零售业、金融业、房地产业、建筑业、交通运输/仓储和邮政业、信息传输/软件和信息技术服务业、采矿业在2017年对外投资总流量占比达96%，并且这些产业在2016年占比也达到了88%。因此，选取以上九个产业具有较强的代表性。具体指标即为上述各产业的历年对外直接投资流量。

由于金融业对外直接投资流量从2006年才开始公布，所以本书选取的起始时间是2006年。产业升级指标数据来源于《中国统计年鉴》（2017）。比较序列中各产业历年对外直接投资流量来源于《中国对外直接投资统计公报》（2006-2017）。所有指标的具体数据见表6-4。

表6-4　2006~2017年参考数列与比较数列的具体数据

产业升级	2006年	2007年	2008年	2009年	2010年	2011年	2012年	2013年	2014年	2015年	2016年	2017年
产业升级	42 953	50 712	58 686	62 547	72 535	83 371	89 593	95 675	101 071	106 191	114 088	127 755
租赁和商务服务业（万美元）	452 166	560 734	2 171 723	2 047 378	3 028 070	2 559 726	2 674 080	2 705 617	3 683 060	3 625 788	6 578 157	5 427 321
制造业（万美元）	90 661	212 650	176 603	224 097	466 417	704 118	866 741	719 715	958 360	1 998 629	2 904 872	2 950 737
批发和零售业（万美元）	111 391	660 418	651 413	613 575	672 878	1 032 412	1 304 854	1 464 682	1 829 071	1 921 785	2 089 417	2 631 102
金融业（万美元）	352 999	166 780	1 404 800	873 374	862 739	607 050	1 007 084	1 510 532	1 591 782	2 424 553	1 491 809	1 878 544
房地产业（万美元）	38 376	90 852	33 901	93 814	161 308	197 442	201 813	395 251	660 457	778 656	1 524 674	679 506
建筑业（万美元）	3 323	32 943	73 299	36 022	162 826	164 817	324 536	436 430	339 600	373 501	439 248	652 772
交通运输、仓储和邮政业（万美元）	137 639	406 548	265 574	206 752	565 545	256 392	298 814	330 723	417 472	272 682	167 881	546 792
信息传输、软件和信息技术服务业（万美元）	4 802	30 384	29 875	27 813	50 612	77 646	124 014	140 088	316 965	682 037	1 866 022	443 024
采矿业（万美元）	853 951	406 277	582 351	1 334 309	571 486	1 444 595	1 354 380	2 480 779	1 654 939	1 125 261	193 020	−370 152

注：参考数列指标"产业升级"无单位，比较数列指标各产业历年对外直接投资流量单位均为万美元。

利用灰色关联软件，计算综合关联度、相对关联度、绝对关联度以及邓氏关联度，结果见表6-5。

表6-5 产业升级和各产业对外直接投资流量灰色关联度结果

	综合关联度	排名	绝对关联度	排名	相对关联度	排名	邓氏关联度	排名
租赁和商务服务业	0.5484	5	0.5081	9	0.5887	4	0.977	4
制造业	0.5367	7	0.5229	7	0.5505	6	0.9562	6
批发和零售业	0.5335	9	0.5181	8	0.5489	7	0.9550	7
金融业	0.6152	3	0.5244	6	0.7060	2	0.9921	3
房地产业	0.5530	4	0.5549	5	0.5512	5	0.9594	5
建筑业	0.5452	6	0.5836	3	0.5068	9	0.7567	9
交通运输、仓储和邮政业	0.7356	1	0.6109	2	0.8602	1	0.9963	1
信息传输、软件和信息技术服务业	0.5355	8	0.5636	4	0.5074	8	0.8277	8
采矿业	0.6210	2	0.6121	1	0.6300	3	0.9951	2

表6-5的结果可以看到，综合以上四种类型的关联度和排名结果，中国对外直接投资产业与中国产业结构升级关联度排名由高到低依次是：交通运输、仓储和邮政业，采矿业，金融业，房地产业，租赁和商务服务业，制造业，信息传输、软件和信息技术服务业，批发和零售业。因此，可以认为中国对外投资交通运输、仓储和邮政业最有利于中国国内的产业结构升级，其次是采矿业和金融业。但是，在对外投资过程中，选择批发零售业和通信业等行业，对国内产业升级的促进作用较小。

3. 结论

第一，中国对外投资应该优先选择交通运输、仓储和邮政业，才能更好地促进国内产业结构升级。因为这是基础性行业，优先投资该行业能够为中国企业走出去打下良好的基础。"一带一路"倡议提出实现沿线国家互联互通，这就需要中国对外直接投资优先选择交通运输行业。完善的交通基础设施能够降低贸易运输成本、缩短运输时间和减少贸易流通环节，使得生产要素和制成品能够充分在"一带一路"沿线国家进行配置，提高各国的资源配置效率。同时，完善交通基础设施，实现互联互通也有利于转移国内的过剩产能。最终，促进中国的产业结构升级。

第二，中国对外投资选择采矿业也有较好促进国内产业结构升级的效果。虽然中国本身幅员辽阔，拥有众多的矿产资源。但是，若计算到人均资源拥有量层面上，中国的石油、煤炭等资源的人均拥有量远远低于世界平均水平。单纯依靠国内的资源供给是不足够的，或者高价进口矿产资源也不是持久可行的办法。为此，中国应该加强资源类产业对外直接投资。李逢春（2013）认为中国重视资源类型的对外直接投资，这也确实促进了中国国内"瓶颈"产业的发展，为产业升级做出了贡献。另外，在投资能源矿产类产业时也更需注意规避投资风险，避免由于东道国内部因素导致投资失败，造成直接的经济损失。

第三，要重视金融业对外直接投资。金融服务业在"一带一路"建设过程中充分发挥了资源集聚和配置功能、支付结算功能和风险分散功能（张建刚等，2018）。在建设"一带一路"过程中，亚洲基础设施投资银行和丝路基金等金融机构提供了大量的资金支持。对金融业对外直接投资的目标应该是建立政策性金融、商业性金融、多边开发金融机构以及民间资本在内的多元化金融体系，为中国企业"走出去"提供有力的融资支持。完善的金融体系有利于中国产业转移和企业提高国际竞争力，进而逆向影响国内产业结构优化与升级。

第四，租赁和商务服务业、制造业、批发和零售业对国内产业升级作用效果较小。根据2017年《中国对外直接投资统计公报》显示，以上三个产业投资流量占据所有行业里的前三名，对外直接投资流量巨大，但是对国内产业结构优化升级作用却较小。主要原因是，这三大产业对外直接投资时，常常处于价值链的低端环节，无法获得高附加值，对国内产业升级的作用也较小。

第五，要重视信息传输、软件和信息技术服务业对外直接投资。该行业属于基础设施领域，因当前中国投资体量较小，所以对国内产业升级的影响效果也较小。但是，信息传输、软件和信息技术服务业的完善可以促进信息的传播，加强各国之间的交流，为中国企业对外直接投资打下良好基础。

6.3 "一带一路"沿线国家发展现状及产业投资前景分析

6.3.1 "一带一路"沿线国家发展现状

世界银行按人均国民总收入（GNI），将国家分为低收入国家、中等偏下收入国家、中等偏上收入国家和高收入国家。2017 年，人均 GNI 的划分标准是：人均 GNI 少于或等于 1 005 美元的国家属于低收入国家；人均 GNI 为 1 006~3 955 美元的国家属于中等偏下收入国家；人均 GNI 为 3 956~12 235 美元的国家属于中等偏上收入国家；人均 GNI 高于 12 235 美元的国家属于高收入国家。按照这一标准，"一带一路"沿线可得数据的 62 个国家中，有 4 个是低收入的国家，有 19 个是中等偏下收入的国家，有 21 个是中等偏上收入的国家，有 18 个是高收入的国家。

按照区域，沿线国家大致可以分为较为发达的欧洲地区，资源丰富的中亚、西亚、北非地区及蒙古国、俄罗斯和劳动力丰富的南亚、东南亚地区（张理娟等，2016）。发达的经济体往往拥有领先的技术和创新竞争力，产业结构水平较高；中亚、西亚、北非及蒙古国、俄罗斯拥有丰富的自然资源，矿藏种类丰富，是中国能源的主要来源地；与东南亚、南亚相比，中国的劳动力成本优势、地价优势在不断消失，一些对劳动力成本高度敏感的行业逐渐向东南亚及南亚地区转移。

"一带一路"途经国家众多，面临着沿途的基础建设互联互通的问题，也存在着社会文化、宗教、民族、政治制度等方面的多元差异。

基础设施方面。沿线的国家大部分经济基础薄弱，基础设施及配套设施不完善，尤其是中线和南线所经过的地区涉及中亚、西亚、北非等地，由于自然条件较差、地形地势复杂、发展水平较低，要建设贯通这些国家的铁路、公路及其他基础设施难度较大。根据《"一带一路"国家基础设施发展指数分析报告（2018）》① 显示，"一带一路"沿线基础设施发展总指数在 2018 年度达到

---

① 中国对外承包工程商会：《"一带一路"国家基础设施发展指数分析报告（2018）》，2018 年 6 月 7 日。

124，潜力依然巨大，基础设施发展速度不断攀升。从区域来看，"一带一路"沿线国家基础设施发展差异明显。其中，东南亚地区基础设施投资建设需求持续旺盛，区域内各国在能源、交通、公用事业、建筑等领域的投资建设市场空间巨大；西亚地区因地缘政治冲突及国际油价波动的不利影响，出现较为明显的排名下滑，但作为石油产出地，国家政府财政实力雄厚，发展基础设施意愿强烈，在基础设施建设方面的发展潜力不容忽视。此外，得益于巴西一贯优异的表现以及葡萄牙、安哥拉等国发展环境和潜力的改善，葡萄牙语国家指数排名整体有所提升。2018年，"一带一路"国家区域指数排名及变动见表6-6。

表6-6　　　　　　　　"一带一路"国家区域指数排名及变动情况

地区	2018年排名	2017年排名	排名变动
东南亚	1	1	持平
中东欧	2	4	↑2
南亚	3	3	持平
中亚	4	5	↑1
葡萄牙语国家	5	7	↑2
西亚	6	2	↑4
东亚	7	6	↑1

资料来源：《"一带一路"国家基础设施发展指数分析报告（2018）》。

文化宗教方面。"一带一路"倡议涉及的国家有几十个，包括信仰伊斯兰教、佛教、基督教等不同宗教的国家。宗教在实施"一带一路"倡议的区域内不仅仅是信仰问题，更是这些国家政治、经济和社会文化生活的核心。宗教的多样性决定了"一带一路"沿线国家社会文化背景的高度复杂性。面对目前的宗教极端主义，包容宗教的多元性，降低宗教冲突的负面性也成为"一带一路"建设的重要方向。

此外，"一带一路"沿线的中亚、西亚、北非等地区民族关系问题复杂，恐怖主义、极端主义比较活跃。尽管沿线发展中国家在政治层面明确了合作立场，但是在体制与政策层面仍存在难以协调的问题，例如特定项目用地不能及时到位、外汇管制可能发生突然变动等。

6.3.2 "一带一路"沿线国家产业投资前景分析

1. 产业选择的相对优势原则

一个国家某一个产业所具有的核心竞争力和优势并不是绝对的，而是与东道国相比形成的相对优势，具备相对优势也是可以进行直接投资的，相对优势可以作为对外直接投资产业选择的度量标准。一般用显示性比较优势指数（RCA）作为度量相对优势基准的指标。显示性比较优势指数（RCA）是投资国某一个产业的产品出口额占全世界该产业出口额的比重与投资国所有产品出口总额占全世界出口总额的比重，实际上体现的是该产业在全球的竞争力，计算公式见式（6.3）。

$$RCA_{ij} = \frac{export_{ij} / \sum_j export_{ij}}{\sum_i export_{ij} / \sum_j \sum_i export_{ij}} \qquad (6.3)$$

相关研究表明，RCA 指数大于 2.5，说明该国在该种产品的出口上具有很强比较优势，且 RCA 指数越大表明显性比较优势越强；RCA 指数处于［1.25，2.5］之间，说明该国该产品的出口具有较强的显性比较优势；RCA 指数处于［0.8，1.25］之间，说明该国在该产品的出口上具有一般的比较优势；RCA 指数小于 0.8，说明该国的该产品出口具有比较劣势，且 RCA 值越小，产品比较劣势越显著。此外，还可以通过比较两国 RCA 差值的绝对值来对比两国的产品比较优势，绝对值越大，说明两国在某种产品的比较优势上差异越大，两国可以通过投资、贸易活动实现优势互补。

2. 沿线国家的 RCA 指数测算

本章的数据来源于联合国贸易数据库（UN Comtrade），按地理区位将"一带一路"沿线国家和地区划分为中亚、中东欧、俄罗斯、西亚北非、东南亚和南亚六个区域。限于数据可得性，计算 2017 年 42 个"一带一路"沿线国与中国的显示性比较优势指数。

2017 年中国与"一带一路"沿线区域九大门类货物的显示性比较优势指数见表6-7。如表所示，中国在五大类初级产品方面整体表现出显示性比较劣势。其中，在食品及活畜类目方面，南非的 RCA 指数接近 3，具有很强的比较优势。中东欧的平均 RCA 超过 1.25，具有较强的比较优势。而中国的 RCA 指数只有 0.426，比较劣势非常显著；在饮料及烟类方面，西亚北非表现出了很强的比较优势，RCA指数高达 5.4066，中东欧国家次之，均远超中国的 RCA 指数 0.1727；在非食用原料（燃料除外）类目下，首先中亚国家具有很强的比较优势，其次是西亚北非和中东欧国家；在矿物燃料、润滑油及有关原料的出口中，俄罗斯、中亚、西亚北非和东南亚具有很强的比较优势，东南亚国家还在动植物油脂及油脂的出口中具有很强的竞争力，而中国均处于显著的比较劣势地位。

表 6-7　　　　中国与沿线区域九大门类货物的显示性比较优势指数

		中国	中亚	西亚北非	中东欧	东南亚	南亚	俄罗斯
初级产品	食品及活畜	0.4260	1.0764	1.1627	1.5817	1.2245	2.9223	0.6875
	饮料及烟类	0.1727	1.0695	5.4066	2.4517	0.6342	0.5858	0.3319
	非食用原料（燃料除外）	0.1647	2.7150	1.9128	1.8649	0.9525	0.8682	1.1326
	矿物燃料、润滑油及有关原料	0.1752	3.8327	3.4575	0.7145	3.1305	0.4448	6.6128
	动植物油脂及油脂	0.0628	0.2048	0.4828	1.8045	6.2942	0.6508	1.2287
工业制成品	化学成品及有关产品	0.5352	0.2435	0.9894	0.7979	0.5107	0.5706	0.4491
	按原料分类的制成品	1.2863	0.9873	1.0966	1.3592	0.5840	2.4935	1.1355
	机械及运输设备	1.2605	0.1764	0.2918	0.7551	0.7840	0.1784	0.1448
	杂项制品	1.9517	0.4054	0.7378	1.2049	0.8721	2.1982	0.1062
	未分类商品	0.0556	4.3743	0.7333	0.6245	0.5048	0.0532	1.0046

资料来源：联合国商品贸易数据库（UN Comtrade），SITC.4，经笔者计算整理得到。

在工业制成品上，中国整体表现出一定的竞争优势，尤其在按原料分类的制成品、机械设备及杂项制品的类目下比较优势更为突出。相比之下，中亚在化学产品和杂项制品、东南亚在制成品、中亚和南亚在机械及运输设备、俄罗斯在机械及运输设备和杂项制品方面处于比较劣势，是中国对外直接投资的可行区域和产业选择的依据。

中国与中东欧国家的 RCA 指数对比见表 6-8。中国仍在工业制成品类目下具有一定比较优势，在初级产品方面处于相对劣势。

表 6-8　　　　　　　　　　中国与中东欧国家的 RCA 指数对比

序号		中国	阿尔巴尼亚	白俄罗斯	波黑	保加利亚	克罗地亚	捷克
0	食品及活畜	0.4260	1.4430	2.3647	0.9512	1.5514	1.5317	0.4961
1	饮料及烟类	0.1727	0.1897	0.7461	0.8522	1.4721	2.0290	0.9751
2	非食用原料（燃料除外）	0.1647	1.4340	0.7871	2.7126	1.5491	1.9340	0.5624
3	矿物燃料、润滑油及有关原料	0.1752	0.0923	2.6403	0.9331	1.1102	1.1994	0.2007
4	动植物油脂及油脂	0.0628	0.0045	0.4317	2.6008	1.8675	0.7585	0.4073
5	化学成品及有关产品	0.5352	0.0454	1.2769	0.6911	0.8425	1.2211	0.5242
6	按原料分类的制成品	1.2863	0.7889	1.2042	1.7181	1.8255	1.2720	1.1747
7	机械及运输设备	1.2605	0.0173	0.4502	0.3803	0.5440	0.6134	1.5057
8	杂项制品	1.9517	3.5811	0.5630	2.1800	1.0577	1.2483	1.0790
9	未分类商品	0.0556	6.2175	0.5916	0.3076	1.0492	0.0924	0.0636
序号		爱沙尼亚	匈牙利	拉脱维亚	立陶宛	马其顿	摩尔多瓦	黑山
0	食品及活畜	1.2985	1.0241	2.0752	2.0491	0.9314	3.8118	1.0902
1	饮料及烟类	1.1270	0.5348	6.0136	3.5737	4.4849	9.3564	6.2359
2	非食用原料（燃料除外）	2.2021	0.4658	3.3584	1.2229	1.4664	2.9395	7.1014
3	矿物燃料、润滑油及有关原料	1.1103	0.2801	0.4576	1.6561	0.1689	0.0843	1.3869
4	动植物油脂及油脂	0.7576	0.9733	0.2668	0.5590	0.2133	3.8839	0.2771

续表

序号		爱沙尼亚	匈牙利	拉脱维亚	立陶宛	马其顿	摩尔多瓦	黑山
5	化学成品及有关产品	0.5502	0.9987	0.7582	1.2399	2.0584	0.4525	0.4065
6	按原料分类的制成品	1.1041	0.8535	1.5005	0.9075	1.0618	0.5467	2.2028
7	机械及运输设备	0.8150	1.4712	0.6217	0.5470	0.7789	0.4699	0.2961
8	杂项制品	1.2948	0.7581	0.8279	1.3240	1.2580	1.7907	0.2613
9	未分类商品	0.9292	0.0817	0.4460	0.0941	0.0148	0.0099	

序号		波兰	罗马尼亚	塞尔维亚	斯洛伐克	斯洛文尼亚	乌克兰	
0	食品及活畜	1.6534	0.9854	2.0399	0.4831	0.5802	3.6918	
1	饮料及烟类	2.0957	1.5387	3.2890	0.1488	0.4604	1.4595	
2	非食用原料（燃料除外）	0.5285	1.0123	0.8906	0.4706	0.9204	3.8753	
3	矿物燃料、润滑油及有关原料	0.2854	0.4223	0.2848	0.5052	0.5530	0.2039	
4	动植物油脂及油脂	0.2472	0.4986	1.9424	0.1554	0.1541	18.2868	
5	化学成品及有关产品	0.8264	0.3643	0.7946	0.3684	1.4423	0.2981	
6	按原料分类的制成品	1.4681	1.2770	1.8622	1.3372	1.5681	2.1524	
7	机械及运输设备	0.9898	1.2049	0.7417	1.5665	1.0430	0.2913	
8	杂项制品	1.3367	1.2738	1.0758	0.7609	0.8750	1.0758	
9	未分类商品	0.0502	0.5085	0.4886	0.0591	0.0336	0.4886	

资料来源：联合国商品贸易数据库（UN Comtrade），SITC.4，经作者计算整理得到。

在食品及活畜产业上，具有相对比较优势的国家有阿尔巴尼亚、白俄罗斯、保加利亚、克罗地亚、拉脱维亚、立陶宛、摩尔多瓦、波兰、塞尔维亚和乌克兰；在饮料及烟类类目下，RCA指数较高的国家有保加利亚、克罗地亚、拉脱维亚、立陶宛、马其顿、摩尔多瓦、黑山、波兰、罗马尼亚、塞尔维亚、乌克兰；在非食用原料（燃料除外）方面，阿尔巴尼亚、保加利亚、克罗地亚、拉脱维亚、立陶宛、马其顿、摩尔多瓦、黑山和乌克兰表现出相对比较优势；在矿物燃料、润滑油及有关原料类目下，白俄罗斯、克罗地亚、立陶宛和黑山具有相对比较优势；在动植物油脂及油脂的类目下，波黑、保加利亚、匈牙利、摩尔多瓦、塞尔维亚和乌克兰具有相对比较优势，尤其乌克兰的 RCA 指数高达 18.2868。

工业制成品方面。化学成品及有关产品类目下具有相对比较优势的国家有白俄罗斯、克罗地亚、匈牙利、立陶宛、马其顿和斯洛文尼亚；在按原料分类的制成品类目下，中国与阿尔巴尼亚、匈牙利、立陶宛和摩尔多瓦的 RCA 指数相差较大；机械及运输设备类目下，中国相对于阿尔巴尼亚、白俄罗斯、波黑、黑山和乌克兰具有比较优势；在杂项制品类目下，中国相对于白俄罗斯、保加利亚、捷克、匈牙利、拉脱维亚、黑山、塞尔维亚、斯洛伐克、斯洛文尼亚和乌克兰具有比较优势。

中国与俄罗斯的 RCA 指数对比见表 6-9。俄罗斯在非食用原料（燃料除外）、矿物燃料、润滑油及有关原料和动植物油脂及油脂产业具有比较优势，尤其因自然资源储备丰富，矿物燃料、润滑油及有关原料这一类目的 RCA 指数极高，达到 6.6128。在机械及运输设备和杂项制品中，中国相对于俄罗斯具有比较优势。

表 6-9　　　　　　　　　中国与俄罗斯的 RCA 指数对比

		中国	俄罗斯
0	食品及活畜	0.4260	0.6875
1	饮料及烟类	0.1727	0.3319
2	非食用原料（燃料除外）	0.1647	1.1326
3	矿物燃料、润滑油及有关原料	0.1752	6.6128
4	动植物油脂及油脂	0.0628	1.2287
5	化学成品及有关产品	0.5352	0.4491
6	按原料分类的制成品	1.2863	1.1355
7	机械及运输设备	1.2605	0.1448
8	杂项制品	1.9517	0.1062
9	未分类商品	0.0556	1.0046

资料来源：联合国商品贸易数据库（UN Comtrade），SITC.4，经作者计算整理得到。

中国与中亚地区的 RCA 指数对比见表 6－10。由于中亚石油和天然气储量丰富，中亚国家在非食用原料（燃料除外）和矿物燃料、润滑油及有关原料类目下表现出很强的比较优势。此外，吉尔吉斯斯坦在食品及活畜和饮料及烟类方面也有较强的比较优势。与中亚国家相比，中国在工业制成品方面的比较优势非常明显。

表 6－10　　　　　　　　　中国与中亚国家的 RCA 指数对比

		中国	哈萨克斯坦	吉尔吉斯斯坦
0	食品及活畜	0.4260	0.5811	1.5718
1	饮料及烟类	0.1727	0.3096	1.8295
2	非食用原料（燃料除外）	0.1647	1.8535	3.5766
3	矿物燃料、润滑油及有关原料	0.1752	7.1098	0.5555
4	动植物油脂及油脂	0.0628	0.3564	0.0533
5	化学成品及有关产品	0.5352	0.3766	0.1103
6	按原料分类的制成品	1.2863	1.4964	0.4782
7	机械及运输设备	1.2605	0.0336	0.3191
8	杂项制品	1.9517	0.0257	0.7851
9	未分类商品	0.0556	0.0087	8.7399

资料来源：联合国商品贸易数据库（UN Comtrade），SITC.4，经作者计算整理得到。

由于中国与中亚国家的竞争优势产业没有重叠，具有较强的贸易互补潜力，中国在与中亚地区开展投资合作时应该充分利用这些国家的资源优势，打造开发矿产资源合作模式，利用资源开发带动中国与"一带一路"沿线能源国家的经济发展（李勤昌和许唯聪，2017）。

中国与西亚北非国家的 RCA 指数对比见表 6－11。在食品及活畜品类下，具有相对比较优势的国家包括亚美尼亚、埃及、格鲁尼亚、约旦和土耳其；在饮料及烟类产业中，亚美尼亚和格鲁尼亚表现出了极强的比较优势。此外，约旦、阿曼苏丹国和土耳其在这一产业也具有比较优势；非食用原料（燃料除外）这一类目下，亚美尼亚、格鲁尼亚、约旦和阿曼苏丹国的 RCA 指数较高；矿物燃料、润滑油及有关原料方面，阿塞拜疆、埃及、科威特和阿曼苏丹国表现出相对比较优势；动植物油脂及油脂产业下，埃及、格鲁尼亚、阿曼苏丹国和土耳其具有比较优势；而在化学成品及有关产品方面，格鲁吉亚、以色列、约旦和阿曼苏丹国具有相对比较优势。

表 6-11 中国与西亚北非国家的 RCA 指数对比

序号		中国	亚美尼亚	阿塞拜疆	埃及	格鲁吉亚
0	食品及活畜	0.4260	0.9805	0.6610	2.4346	1.6440
1	饮料及烟类	0.1727	24.9753	0.3041	0.6797	19.1282
2	非食用原料（燃料除外）	0.1647	7.5925	0.1475	0.8660	4.6425
3	矿物燃料、润滑油及有关原料	0.1752	0.3760	10.0348	2.1864	0.4311
4	动植物油脂及油脂	0.0628	0.0195	0.1838	1.0924	0.8235
5	化学成品及有关产品	0.5352	0.1493	0.1113	1.4564	0.9222
6	按原料分类的制成品	1.2863	1.3147	0.1844	1.4699	1.4160
7	机械及运输设备	1.2605	0.0645	0.0111	0.2036	0.3530
8	杂项制品	1.9517	0.8537	0.0112	0.6779	0.3961
9	未分类商品	0.0556	1.5484	0.2022	1.7754	0.6241
序号		以色列	约旦	科威特	阿曼苏丹国	土耳其
0	食品及活畜	0.4423	2.2609	0.1332	0.5277	1.3803
1	饮料及烟类	0.1003	1.3707	0.0852	1.1102	0.9060
2	非食用原料（燃料除外）	0.3861	1.7908	0.0583	0.9729	0.7582
3	矿物燃料、润滑油及有关原料	0.1610	0.0155	10.1399	7.4828	0.2896
4	动植物油脂及油脂	0.0840	0.1231	0.0331	0.9973	0.9885
5	化学成品及有关产品	2.2384	2.4744	0.3654	0.7152	0.4719
6	按原料分类的制成品	2.3333	0.6449	0.0491	0.5124	1.9444
7	机械及运输设备	0.6991	0.3274	0.0610	0.0953	0.8109
8	杂项制品	0.9522	2.1398	0.0589	0.1217	1.4285
9	未分类商品	0.0145	0.1906	0.0826	0.9724	1.1899

资料来源：联合国商品贸易数据库（UN Comtrade），SITC.4，经作者计算整理得到。

在以下产业中，中国相对西亚北非国家的比较优势较为显著，RCA 指数相差较大：按原料分类的制成品类目下，中国相对阿塞拜疆、约旦、科威特和阿曼苏丹国具有比较优势；机械及运输设备类目下，中国相对亚美尼亚、阿塞拜疆、埃及、约旦、科威特和阿曼苏丹国具有比较优势；杂项制品下，中国相对亚美尼亚、阿塞拜疆、埃及、格鲁吉亚、以色列、科威特和阿曼苏丹国都具有比较优势。

中国与东南亚国家的 RCA 指数对比见表6-12。印度尼西亚、菲律宾和缅甸在食品及活畜和非食用原料（燃料除外）方面、新加坡在化学成品及有关产品方面具有比较优势。在饮料及烟类方面具有比较优势的是印度尼西亚和新加坡，在矿物燃料、润滑油及有关原料方面具有比较优势的是文莱、印度尼西亚、马来西亚、缅甸和新加坡，在动植物油脂及油脂类目下具有比较优势的是印度尼西亚、马来西亚和菲律宾。

表 6 – 12　　　　　　　　中国与东南亚国家的 RCA 指数对比

序号		中国	文莱	印度尼西亚	马来西亚	缅甸	菲律宾	新加坡
0	食品及活畜	0.4260	0.0223	1.1541	0.5167	4.4719	0.9472	0.2347
1	饮料及烟类	0.1727	0.0489	0.8497	0.5328	0.5383	0.6987	1.1370
2	非食用原料(燃料除外)	0.1647	0.0764	2.4933	0.7865	1.2290	0.9078	0.2222
3	矿物燃料、润滑油及有关原料	0.1752	10.0344	2.4465	1.7106	2.9875	0.1690	1.4348
4	动植物油脂及油脂	0.0628	0.0005	22.8397	10.5851	0.0253	4.2282	0.0863
5	化学成品及有关产品	0.5352	0.3123	0.6463	0.6898	0.0386	0.2187	1.1588
6	按原料分类的制成品	1.2863	0.0345	1.0418	0.6967	0.8746	0.5821	0.2744
7	机械及运输设备	1.2605	0.0662	0.3373	1.1304	0.1412	1.7358	1.2931
8	杂项制品	1.9517	0.2423	1.0048	0.9053	1.6982	0.6614	0.7202
9	未分类商品	0.0556	0.0812	0.2508	0.1963	0.1492	0.4068	1.9448

资料来源：联合国商品贸易数据库（UN Comtrade），SITC.4，经作者计算整理得到。

工业制成品中。按原料分类的制成品类目下，中国相对文莱、菲律宾和新加坡具有比较优势；机械及运输设备类目下，中国相对文莱、印度尼西亚和缅甸具有比较优势；杂项制品类目下，中国相对文莱、印度尼西亚、马来西亚、菲律宾和新加坡具有比较优势。

中国与南亚国家的 RCA 指数对比见表 6 – 13。在食品及活畜方面，南亚几个国家均具有显著的比较优势；此外，斯里兰卡在饮料及烟类和动植物油脂及油脂产业、尼泊尔在非食用原料（燃料除外）方面、印度在矿物燃料、润滑油及有关原料和化学成品及有关产品方面的 RCA 指数较高，具有比较优势；在按原料分类的制成品和杂项制品类目下，中国及南亚国家的 RCA 指数都比较高，而在机械及运输设备方面，中国表现出显著的比较优势。数据还说明了中国与南亚国家的竞争优势产品有较大重叠。

表 6-13 中国与南亚国家的 RCA 指数对比

序号		中国	印度	尼泊尔	巴基斯坦	斯里兰卡
0	食品及活畜	0.4260	1.5670	3.8929	2.6919	3.5374
1	饮料及烟类	0.1727	0.4452	0.3683	0.1709	1.3587
2	非食用原料（燃料除外）	0.1647	0.9226	1.0045	0.7915	0.7543
3	矿物燃料、润滑油及有关原料	0.1752	1.3652	0.0003	0.1324	0.2812
4	动植物油脂及油脂	0.0628	0.7109	0.1383	0.3351	1.4190
5	化学成品及有关产品	0.5352	1.2008	0.5259	0.4058	0.1500
6	按原料分类的制成品	1.2863	2.1144	3.6576	3.2180	0.9840
7	机械及运输设备	1.2605	0.4392	0.0302	0.0431	0.2010
8	杂项制品	1.9517	1.1902	1.3164	2.4590	3.8273
9	未分类商品	0.0556	0.1997	0	0.0011	0.0119

资料来源：联合国商品贸易数据库（UN Comtrade），SITC.4，经作者计算整理得到。

3. 结论

通过比较"一带一路"沿线国家的 RCA 指数，可以发现中国相对于沿线国家的比较优势在于工业制成品，具体为按原料分类的制成品、机械及运输设备和杂项制品几方面。

在初级产品方面，42 个国家中，绝大多数国家的初级产品具有比较优势。其中，阿尔巴尼亚、捷克、匈牙利、以色列、新加坡、斯洛伐克和斯洛文尼亚的初级产品 RCA 指数小于 0.8。在 1 类产品中，亚美尼亚、格鲁吉亚、拉脱维亚和摩尔多瓦的 RCA 指数大于 6；在 2 类产品中，亚美尼亚和黑山的 RCA 指数大于 7；在第 3 类产品中，阿塞拜疆、文莱、哈萨克斯坦、科威特、阿曼苏丹国和俄罗斯的 RCA 指数大于 6；在第 4 类产品中，印度尼西亚、马来西亚和乌克兰的 RCA 指数大于 10。以上数据表明相应国家的比较优势十分明显。

与初级产品相比，工业制成品方面的比较优势较弱。42 个国家中，只有阿尔巴尼亚和吉尔吉斯斯坦的 RCA 指数大于 2，此外，波黑、保加利亚、埃及、印度、以色列、约旦、马其顿、尼泊尔、巴基斯坦、新加坡、斯里兰卡和土耳其的 RCA 指数介于 1 和 2 之间，具有一定比较优势。

中东欧国家在初级产品、工业制成品等产业上均具有一定的比较优势，但不是十分显著；俄罗斯在自然禀赋类产业中具有比较优势，工业制成品优势欠缺。中亚和东南亚国家的优势产业在于矿物燃料、润滑油及有关原料和动植物油脂及油脂；西亚北非国家的优势产业集中于饮料及烟类、矿物燃料、润滑油及有关原料；南亚国家的优势产业集中于食品和活畜、非食用原料（燃料除外）及按原料分类的制成品与杂项制品。这为中国对外直接投资的产业选择提供了科学依据。

6.4 小结

本章从中观层面对产业方向进行了判定。主要从中国对外投资行业分布、中国企业"走出去"产业选择以及"一带一路"沿线国家产业投资前景三方面进行深入探讨。

首先，中国对外直接投资行业分布情况。中国企业对"一带一路"国家的投资与整体投资情况基本一致，均倾向于能源与矿业、制造业、生物技术、医疗健康等领域，且超过一半的比例是对能源及矿业的投资，对高科技互联网、化工的投资较少。在产业发展上，能源矿产和基础设施行业发展良好，但是制造业、房地产和医疗健康等行业有较大的发展空间，所以中国应瞄准市场需求大的国家进行重点投资，加快第二产业"走出去"，与东道主国家实现共赢的同时加快国内产业结构优化升级。

其次，中国企业"走出去"产业选择分析。由于产业选择是一个动态的过程，通常是无法直接度量的。所以，采用产业结构升级的效应来度量对外直接投资所选择的产业优劣。基于中国对外直接投资导向与东道国本身发展情况，实证研究发现中国对外直接投资产业选择主要受到东道国市场规模因素、资源禀赋因素及战略因素的影响。东道国市场规模越大，资源越丰富，战略地位越重要，中国对其投资越有利于促进中国国内产业结构的优化升级。对于具体产业选择问题，利用灰色关联度方法进行考察，结果表明中国对外投资应该优先选择交通运输、仓储和邮政业，采矿业和金融业这些基础性行业，对外直接投资选择这些行业最有利于中国国内的产业结构优化升级。但是，租赁和商务服务业，制造业，信息传输、软件和信息技术服务业，批发和零售业这四大类行业虽然近些年对外直接投资流量巨大，却对促进中国国内产业结构升级影响很小。另外，也要重视信息传输、软件和信息技术服务业的对外直接投资，作为基础性行业，只有打下牢固基础，实现互联互通，未来才能更好地促进中国企业"走出去"。

最后，"一带一路"沿线国家产业投资前景。"一带一路"沿线国家大部分经济基础薄弱，基础设施不健全，尤其是中亚、西亚、北非等地，恶劣的自然条件与复杂的地形地势加大了建设基础设施的难度。除此之外，不同的宗教信仰、"一带一路"沿线的中亚、西亚、北非等地区复杂的民族关系、活跃的恐怖主义和极端主义也决定了中国与"一带一路"沿线国家的合作存在着挑战。通过比较"一带一路"沿线国家的 RCA 指数，发现中国相对于沿线国家的比较优势在于工业制成品，具体为按原料分类的制成品、机械及运输设备和杂项制品几方面，这为中国对外直接投资的产业选择提供了科学依据。

第 7 章
投资模式的确定——微观层面

自从实施"走出去"战略以来，中国企业对外直接投资的规模不断扩大，正由产品输出大国向资本输出大国转变。在投资区域上，中国企业主要投向了亚洲和非洲地区。由于中国企业对外直接投资处于起步阶段且缺乏经验，对外直接投资主要集中在地理位置相近、人文环境相似的东亚和东南亚地区。受投资动机的影响，中国企业在非洲、欧洲、北美和中东等其他地区的直接投资比较分散（刘宏和赵晓敏，2012）。在投资行业上，刘宏和苏杰芹（2014）指出中国企业境外投资行业比较集中，主要以制造业、批发和零售业、租赁和商务服务业为主。梁静波（2012）也认为现阶段中国产业结构不均衡，服务业成为对外投资的主导产业，其他产业尤其是高新技术产业以及一些高附加值产业太少，不利于产业升级。而近几年，中国能源进口量不断增长，中国企业尤其是国有企业在"走出去"的过程中应该加大力度收购或者参股境外能源企业，来满足国内旺盛的能源需求（如申万、柴玮和张广军，2014）。

2013 年 9 月和 10 月国家主席习近平在出访中亚和东南亚国家时，先后提出共建"丝绸之路经济带"和"21 世纪海上丝绸之路"的重大倡议，简称"一带一路"倡议。2015 年 3 月 28 日，国家发展改革委、外交部和商务部联合发布《推动共建丝绸之路经济带和 21 世纪海上丝绸之路的愿景与行动》，标志着"一带一路"倡议进入全面实施阶段。作为一个世界大国，中国提出共建"一带一路"旨在促进经济要素有序自由流动、资源高效配置和市场深度融合，推动沿线各国实现经济政策协调，开展更大范围、更高水平、更深层次的区域合作，共同打造开放、包容、均衡、普惠的区域经济合作架构。

在这双重背景下，中国企业"走出去"不仅是企业实现自身可持续发展的必然选择，也是国家实施"一带一路"倡议的关键步骤。《2017年度中国对外直接投资统计公报》指出，中国对"一带一路"沿线国家的直接投资流量为201.7亿美元，同比增长31.5%，占同期中国对外直接投资流量的12.7%。可以看出，中国企业对"一带一路"沿线国家的投资数额大且增长快。然而，"一带一路"沿线较多为发展中国家，受到文化差异、制度差异等因素的影响，投资的风险也会加大（杨勇等，2018）。据麦肯锡研究统计，在2005～2017年约60%，近300宗，约合3 000亿美元的中企跨境并购并未给买方创造实际价值，且在505宗跨境并购交易中，有67%的跨境并购案例是失败的。投资模式的选择对于中国实施境外战略以及企业进行境外扩张发挥着至关重要的作用。投资的成功不仅能提升中国在国际市场上的地位，而且可以助力企业开拓境外市场，提高自身竞争力。如果企业选择了错误的投资模式而导致投资失败，在影响企业境外扩张的同时，还会造成大量的国内资源浪费，给国家和人民带来沉重的经济负担（黄凌云，2016）。如何选择合适的投资模式将成为企业"走出去"时面临的一大难题。因此，本节基于政治距离、文化距离和制度距离研究中国企业应如何选择适当的投资模式对外直接投资，来促进中国企业更好地"走出去"。

7.1　研究基础

企业在"走出去"的过程中选择投资模式时会受到多种因素的影响，体现在政治、经济、文化和法律等多个方面。

在政治距离方面，政治关系在本国企业"走出去"的过程中扮演着重要的角色，尤其是作为世界大国的中国，可以利用其国际影响力为本国企业创造较多的投资机会并提供有力的安全保障（Nigh，1986；Nigh and Schollhammer，1987）。出于国际政治和经济利益的考量，东道国也经常对来自不同母国的企业进行不同的制度安排（Desbordes and Vicard，2009）。当两国政治关系良好时，东道国政府通常会根据双方签署的正式协定给予母国企业不低于其他国家的优惠待遇；当两国政治关系恶化时，东道国往往会采取严格的管制市场准入程序，通过高税收或者选择性的法律和契约歧视来限制某些母国企业的产权（Kastner，2007）。所以政治距离在很大程度上会影响中国企业的对外直接投资。作为早期关注国际政治关系对中国 OFDI 影响的文献，贺书锋和郭羽诞（2009）发现，中国对外直接投资偏向于与中国有相同政治信仰、政治摩擦较少、国际地位相似、政治关系定位较高的东道国；张建红和姜建刚（2012）进一步发现，两国建交历史、友好城市数量以及双边外交活动均对中国对外直接投资有显著积极作用；郭烨和许陈生（2016）则从双边高层会晤的角度进行研究，结果发现中国国家主席和国务院总理与"一带一路"沿线国家的双边高层会晤对中国企业对外直接投资具有显著的积极作用；肖文和姜建刚（2014）也从双边高层领导互动的角度考察了政治关系对中国境外投资规模的影响；李金和郭永亮（Li & Liang，2012）认为，双边政治关系对中国对外直接投资能起到额外保护作用，从而降低了境外投资的风险，中国企业倾向到双边政治关系好的东道国进行投资；潘镇和金中坤（2015）亦得到类似结论，并且他们还进一步发现，双边政治关系与东道国制度质量存在替代或互补的交互效应。

在文化距离方面，杜晓君和刘赫（2012）指出企业在"走出去"进行跨国并购时，由于不同地区、不同国家和不同企业之间的文化存在较大差异，文化融合环节很有可能导致并购行为的失败。母国与东道国的文化距离越大，投资机构越倾向于以外资独资方式进入东道国市场（李璐男和李志萍，2017）。具体而言，霍夫斯塔德（Hofstede）将文化距离分为权利距离、不确定性规避、个人和集体主义、男性化和女性化、长短期导向性、放纵和约束六个维度。从文化距离的各个维度来看，权力距离、个人主义/合作主义、不确定性规避、长短期导向、放纵/约束维度距离越大，投资机构越倾向于以独资方式进入东道国市场（李璐男和李志萍，2017）。文化距离也会通过影响交易成本进而影响投资模式。若投资者采取合资或并购的模式（投资国的管理者较多、东道国的管理者较少），则文化差异必然会增大企业内部的不确定性，从而导致合资或并购企业的内部交易成本更高、投资绩效更低。但是，由于合资或并购企业内既有来自投资国的管理者，也有来自东道国的管理者，因此当投资企业与东道国的外部环境发生联系时，来自东道国的管理者能帮助企业有效降低外部交易成本。若投资者选择独资或绿地投资的模式（来自投资国的管理者较多、来自东道国的管理者较少），则投资者对内部员工的控制力会较强，从而可以减小企业内部不确定性、降低文化差异带来的内部交易成本。但是，由于来自投资国的管理者对东道国的环境不熟悉，因此外部交易成本必然会上升（谢冬梅等，2016）。

在制度环境方面，完善的制度建设有利于创造良好的市场环境，从而降低中国对外投资的成本。王军和黄卫冬（2016）从经济、法律和政治 3 个角度分析了东道国制度对中国对外直接投资的影响。他们认为一个国家的经济制度越完善，中国越愿意在该国家进行投资；其法律制度越健全，中国越愿意选择该国家作为境外投资的对象；而政治制度的质量对中国海外投资区位选择无明显影响。从投资国与东道国的制度距离来看，科斯多瓦（Kostova，1996）对制度距离进行了界定，他认为一个国家的制度环境是一个整体概念，包括管制、规范和认知 3 个维度。关于制度距离对投资模式的影响，陈怀超和范建红（2013）研究发现，相对于绿地投资而言，规范距离和认知距离越远，中国企业越偏好选择并购进入东道国市场。与上述结论相反，周经和刘厚俊（2015）则认为母国与东道国制度距离与中国投资者选择绿地投资模式之间呈倒"U"型关系，随着正式制度距离的增加，企业为了降低经营风险，选择绿地投资的概率增大。

除了文化和制度差异，东道国的其他特征以及企业异质性也是影响企业投资模式选择的重要因素。关于东道国的其他特征，母国与东道国之间的人力资源距离越远，有经验投资者越倾向于选择并购模式进入东道国（周经和刘厚俊，2015）；东道国市场规模越大、治理水平越高时，中国企业越倾向于选择跨国并购的模式开展对外直接投资活动（程时雄和刘丹，2018）。关于企业异质性，规模较大和研发水平较高的企业倾向于选择绿地投资的模式进行对外直接投资（程时雄和刘丹，2018）；生产率更高、资本更密集和规模更大的企业更有可能选择跨国并购的投资方式；出口越多的企业越有可能选择绿地投资的方式；研发密度越高和流动资产比重越高的企业越有可能选择跨国并购的投资方式（蒋冠宏和蒋殿春，2017）；管理能力越强的企业明显倾向于选择并购模式（周茂等，2015）。

大多学者在投资模式的研究领域已经有了丰富的成果。自从"一带一路"倡议提出以来，学者们也就"一带一路"沿线国家的对外投资活动展开了讨论。邱奇（2015）认为差异是发展的动力，通过实施"一带一路"倡议，中国可以利用与沿线各个国家和区域之间在地理环境、自然资源禀赋、产业结构和发展水平等方面的差异，通过产业输出和资本输出来促进自身的产业技术升级，优化产业结构。卜伟和易情（2015）指出，对外直接投资通过产业转移效应、技术进步效应和资源补缺效应可以促进中国产业结构的优化升级。然而，"一带一路"沿线较多为发展中国家，受到文化差异、低水平的境外投资以及当地政策和政局变动等因素的影响，"走出去"的风险也会加大（廖萌，2015）。余莹（2015）从地缘政治的角度指出"一带一路"倡议下，中国基础设施对外直接投资模式选择的过程可能会受到来自以美国为首的西方霸权国带来的地缘政治风险的影响。谭畅（2015）也从东道国的角度分析了在"一带一路"倡议下，中国企业"走出去"面临种种风险，如东道国政治风险，社会舆论以及自然环境等。除此之外，"中国经济威胁论""中国经济渗透说"等言论都会成为中国企业"走出去"需要面临的挑战。

现有文献关于企业对外直接投资和投资模式选择的研究已经较为成熟，但关于对"一带一路"沿线国家投资的相关研究仍存在以下不足：（1）"一带一路"倡议提出时间较短，现有研究主要是关于产业选择、面临的机遇和风险等问题，且以宏观分析和理论分析为主，在投资模式选择方面的实证研究仍显不足；（2）现有关于投资模式的研究主要是对文化距离和制度距离的讨论，缺乏对政治距离的考虑，已有文献主要研究了政治距离对 OFDI 的影响，并没有深入研究政治距离对企业 OFDI 模式的影响，由于"一带一路"沿线国家大多为发展中国家，中国在对这些国家投资时面临的政治风险较大，因此需要将政治距离作为投资模式选择的重要影响因素（Olivier and Marie，2016）；（3）已有的研究对投资模式的定义主要集中在绿地投资和跨境并购两个方面（蒋冠宏和蒋殿春，2017），缺乏基于政治距离的对资本组成方式的讨论。

针对以上不足，本文进行了以下改进：（1）对"一带一路"沿线国家投资模式的选择问题进行了量化，从企业微观角度，通过实证研究得出了企业最优的投资模式；（2）在研究文化距离和制度距离对投资模式影响的基础上，加入政治距离这一核心解释变量，更加全面地考虑了投资模式的影响因素；（3）在传统的投资模式绿地投资和跨境并购的基础上加入了独资和合资的资本组成方式。本文更为全面地考虑了投资模式的影响因素，同时加入了资本组成方式，将对中国企业"走出去"的投资模式选择问题提供较为全面的理论指导。

7.2　理论分析与假设

企业"走出去"的投资模式分为两类，一类模式分为独资和合资，另一类模式分为绿地投资和跨国并购（Cho and Padmanabhan，1995；Dikova and Brouthers，2009）。独资和合资根据股权比例的多少进行区分，如果投资者拥有投资公司95%以上的股权则称为独资设立（Gomes - Casseres，1989；Hennart，1991），独资企业包括设立分支机构、附属机构和子公司等，可以通过购买现有的企业或者建立新的企业来实现；合资企业是两国及以上的投资者在一国境内根据东道国的法律，通过签订合同，按一定比例的股份共同出资建立的共同管理、分担风险、分享利润的企业，也可以通过购买或新建企业来实现。绿地投资和跨国并购则是根据企业的建立形式进行区别的。绿地投资又称创建投资或新建投资，是指跨国公司等投资主体在东道国境内依照东道国的法律新设立的企业。跨国并购指的是跨国投资主体在进入境外市场时，以现金、贷款、发债等不同支付方式购买标的企业的投资模式。这两类投资模式之间的关系见图7－1。

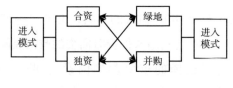

图7－1　投资模式关系

关于绿地投资和跨国并购，二者在运营时效、管理成本和经营风险方面存在较大差异。对比发现，绿地投资的优势恰好是跨国并购的劣势，而跨国并购的优势恰好是绿地投资的劣势（杨丽，2014）。在运营时效方面，由于绿地投资是在东道国新建一家企业，需要一定的经营建设期，投入运营时效弱，投入产出慢，而跨国并购是在东道国收购一家已有的企业，可以用最快的速度进入目标市场，投入运营时效强，投入产出快；在管理成本方面，绿地投资由于企业内部文化统一，方便管理，管理成本比较低，而跨国并购由于企业内部文化不统一，管理方式多样，导致并购后管理成本较高；在经营风险方面，绿地投资需要同时独立面对内外部交易管理风险，经营风险较大，而跨国并购可以通过并购的东道国企业来分担其需要面对的外部交易风险，经营风险较小。

关于独资企业和合资企业，希尔等（Hill et al.，1990）从风险分散程度和技术控制程度两方面分析了二者的差异。独资企业在技术控制程度方面比合资企业高，但风险分散程度比合资企业低，因此具有不同的优势和劣势；在风险分散程度上，独资企业需要独自面对企业面临的所有内部和外部风险，风险难以分散，而合资企业可以通过东道国企业分担企业面临的外部风险，风险分散程度较高；在技术控制程度上，独资企业能有效防范包括技术在内的企业秘密外泄，而合资企业则有可能面临每国企业的技术被窃取的风险。

政治契合度（political affinity）被定义为两国的外交关系由两国在国际事务上的利益趋同度，即两国的政治亲和力。政治契合度较高的国家通常国际关系更加密切，从而也更容易达成合作。而政治契合度较低的国家往往对待国际问题的意见相悖，更有可能存在利益冲突，较难达成合作。因此，两国的政治契合度在很大程度上会影响企业投资模式的选择（潘镇和金中坤，2015）。邓宁的国际生产折衷理论包括所有权优势、内部化优势和区位优势三大理论。其中所有权优势理论是发生国际投资的必要条件，指一国企业拥有或是能获得的国外企业所没有或无法获得的优势，其中就包括技术优势。由于"一带一路"沿线多为发展中国家，技术水平普遍不高，东道国乐于接受中国投资的一个很重要的原因就是希望利用中国的技术溢出效应来带动本国的技术发展（付韶军和孙强，2017）。所以，在股权模式的选择方面，企业最好选择独资的方式进入从而可以避免风险来临时本国的重要创新技术外泄。尤其是在对中国政治契合度较低的国家投资时，面对的政治风险更大，企业应该避免合资的进入模式，从而可以更好地保护本国的技术。

据此，本书提出以下假设：

H1a：如果两国政治距离较大，企业在"走出去"时更倾向于独资。

邓宁的区位优势理论认为，当东道国在投资环境方面具有优势时，投资者才会在该国进行 OFDI。然而近几年有研究发现，中国企业更加倾向到政治不稳定、法律和制度不完善等投资风险更大的东道国进行投资，呈现出一种"追风险"特征（Buckley et al.，2007；Kolstad and Wiig，2012）。有学者针对这一结论进行分析，认为中国 OFDI 表现出的风险偏好特性实际是一个假象，该假象很大程度上是基于 OFDI 的比较优势以及对自然资源的渴求导致的（杨娇辉等，2015）。宋利芳和武皖（2018）发现投资风险和自然资源之间存在替代效应，也认为中国 OFDI 的风险偏好特征实际上是对自然资源的偏好。"一带一路"沿线国家拥有丰富的自然资源，对中国的 OFDI 吸引力更大（熊彬和王梦娇，2018），所以为了尽可能降低投资风险，中国企业要选择合适的 OFDI 模式进行投资。企业如果在与中国政治契合度较低的国家进行投资，它面临的政治风险较大，更有可能由于"政治威胁论"等因素受到东道国的抵制，从而增加企业 OFDI 的不确定性。从投资回报的角度来看，企业进行 OFDI 往往需要巨大的资金和人力投入，而且需要较长时间才能实现投资回报。相对于绿地投资，跨国并购是购买一个成熟、拥有现成业务的经营实体，其投资回报更有保障，投资风险较低。而绿地投资是一种新建投资，不仅需要考虑内部组织管理问题还要应付外部交易问题，投资回报也较难实现（高振和江若尘，2014）。

据此，本章提出以下假设：

H1b：如果两国政治距离较大，企业在"走出去"时更倾向于并购。

由于企业和"一带一路"沿线国家的文化差异较大，所以文化距离是企业在进行投资模式选择时需要考虑的一项非常重要的因素。当中国和东道国文化距离较大时，为了降低由于文化差异所带来的经营管理上的内部交易成本，企业更倾向于选择绿地投资方式来进行投资。而当投资企业与东道国的外部环境产生联系时，由于合资企业中有来自东道国的管理者，可以有效降低外部交易成本（谢冬梅等，2016）。

据此，本章提出以下假设：

H2a：如果两国文化距离较大，企业在"走出去"时更倾向于绿地投资。

H2b：如果两国文化距离较大，企业在"走出去"时更倾向于合资。

制度距离会对跨国企业适应东道国市场造成一定的阻碍，从而影响企业投资模式的选择。本章参考科斯多瓦（Kostova）的三维制度理论，将制度距离分为管制距离、规范距离和认知距离。关于认知距离的度量，有学者将文化距离作为其替代变量，由于本章已经加入了文化距离作为解释变量，所以这里只研究制度距离的另外两个维度：管制距离和规范距离。管制距离主要是指国家之间在法律制定、实施力度和法律体系有效性等方面存在的差异。相对于并购而言，两国的管制距离越远，企业为了降低由于国家法律不一致而产生的经营风险，选择绿地投资的概率越大（周经和刘厚俊，2015）；相对于独资而言，当投资企业与东道国的外部环境发生联系时，合资企业中来自东道国的管理者能帮助企业有效降低外部交易成本，所以管制距离越远，企业越偏好选择合资进入东道国市场（陈怀超和范建红，2013）。规范距离主要是指两个国家在社会共识或者行为规范方面存在的差异。相对于绿地投资而言，为了更好地适应东道国的管理模式，规范距离越远，中国企业越偏好选择并购进入东道国市场（陈怀超等，2013）；由于规范距离较大，投资企业可能会由于与当地的企业制度规范不一致导致公司在发展战略方面的不一致，而独资企业能更好地掌控子公司的发展方向，支配子公司的收益，且能更好地实现母公司的全球化战略，因此企业倾向以独资的方式进入。

据此，本章提出以下假设：

H3a：如果两国管制距离较大，企业在"走出去"时更倾向于绿地。

H3b：如果两国管制距离较大，企业在"走出去"时更倾向于合资。

H4a：如果两国规范距离较大，企业在"走出去"时更倾向于并购。

H4b：如果两国规范距离较大，企业在"走出去"时更倾向于独资。

7.3　模型和数据说明

为了验证上述假设，本章建立多元 Logit 回归模型来分析政治距离、文化距离和制度距离对中国企业"走出去"投资模式的影响。

7.3.1 模型设定

本章将企业的投资模式设为因变量，利用多值 Logit 回归模型研究政治距离、制度距离和文化距离对企业投资模式的影响。基本模型设定如式（7.1）所示：

$$p(y_i = j) = \frac{e^{x_i \beta_j}}{\sum_{j=1}^{4} e^{x_i \beta_j}} \tag{7.1}$$

式（7.1）中，$p(y_i = j)$ 表示企业选择第 j 种投资模式的概率，y_i 表示第 i 个企业选择的投资模式；x_i 表示影响企业投资模式选择的因素，包括政治距离、制度距离、文化距离、地理距离和行业类型等因素；β_j 是待估计参数。

本章选择第四种投资模式（即并购合资）作为对照组，将其他三种投资模式与其进行对比，从而建立 n－1（n 为投资模式种类）个 Logit 模型，则在本章中为三个 Logit 模型。假设企业选择绿地独资、绿地合资、并购独资和并购合资四种投资模式的概率分别为 P_1、P_2、P_3 和 P_4，这里选择 P_4 作为基准因变量，则利用 m 个自变量拟合的投资模式的估计模型如式（7.2）所示：

$$\ln\left(\frac{P_i}{P_4}\right) = \alpha_i + \beta_{i1} x_1 + \beta_{i2} x_2 + \cdots + \beta_{im} x_m \quad 其中 \ i = 1,2,3,\cdots \tag{7.2}$$

7.3.2 数据来源和变量描述

本章选取了国泰安数据库 CSMAR 中 2005 ~ 2018 年全部 A 股数据，共 2 252 家企业，匹配中国商务部《境外投资企业名录》共筛选出 607 次对外直接投资行为，继而将企业"走出去"的区域限为"一带一路"沿线国家①，剔除了缺失样本，最后共保留了 129 家企业的对外直接投资活动，涉及 41 个沿线国家。另外，本章选择四种投资模式作为因变量，政治距离、制度距离和文化距离作为核心解释变量，控制变量涉及国家层面的因素包括东道国市场规

---

① 截至 2018 年 10 月 10 日，"一带一路"网站公布的最新沿线国家为 117 个，https：//www.yidaiyilu.gov.cn/info/iList.jsp? cat_id =10037&cur_page =4。

模、东道国 GDP 增长率、中国与东道国的地理距离，行业层面的因素包括行业类型，企业层面的因素包括企业资本密集度和企业所有权性质。具体内容见表 7-1。

表 7-1 主要变量说明

变量名称	说明	数据来源
投资模式（MO）	因变量	通过 CSMAR 数据库、《境外投资企业名录》、企业年报、财经新闻逐条手动整理信息
	1：绿地独资	
	2：绿地合资	
	3：并购独资	
	4：并购合资	
核心变量	解释变量	
政治距离（PA）	中国和东道国在联合国大会上的投票情况	国外学者伽茨克（Gartzke）基于联合国投票情况整理制作的数据集
管制距离（RD）	司法独立性	全球竞争力报告
	政府官员在决策中的公正性	
	政府决策的透明度	
	警察服务的可靠性	
	反垄断政策的有效性	
	法律框架的效率	
规范距离（ND）	公司董事会的有效性	全球竞争力报告
	员工培训的程度	
	反垄断政策的有效性	
	客户导向的程度	
	薪酬和生产率	
	对专业管理的依赖性	
文化距离（CD）	个人主义/合作主义维度	Hofstede 官网
	权利距离维度	
	男子气概维度/女子气质维度	
	不确定性规避维度	
	长短期导向性维度	
	放纵约束维度	
国家因素	控制变量	

续表

变量名称	说明	数据来源
市场规模（MS）	东道国的 GDP （2010 年不变价格；取对数值）	世界银行
经济增长 速度（GI）	东道国的 GDP 年增长率	世界银行
地理距离（GD）	中国和东道国首都的球面距离 （取对数值）	法国前景研究与国际信息中心地理及距离数据库
行业因素		
行业类型（ID）	1：第一产业 2：第二产业 3：第三产业	《三次产业划分规定》
企业因素		
企业资本 密集度（CA）	人均资本＝固定资产投资/员工人数 （取对数值）	CSMAR 数据库
企业所有权 性质（ON）	1：国有企业 0：非国有企业	CSMAR 数据库

资料来源：笔者通过整理而得。

1. 因变量

基于两类投资模式，本章对其进行两两组合，将企业"走出去"的投资模式分为以下四种：绿地独资、绿地合资、并购独资和并购合资。若企业的投资模式为绿地独资，则因变量取值为 1；若投资模式为绿地合资，则因变量取值为 2；若投资模式为并购独资，则因变量取值为 3；若投资模式为并购合资，则因变量取值为 4。

2. 解释变量

（1）政治距离。政治契合度（political affinity）被定义为两国的外交关系，用两国在国际事务上的利益趋同度衡量，即两国的政治亲和力。本章设其为 PA，该变量由中国和东道国 j 于 t 年在联合国大会上的投票情况来构建（Signorino and Ritter，1999）。具体如式（7.3）所示。

$$PA = 1 - 2 \times \frac{d_t}{d_{max}} \tag{7.3}$$

式（7.3）表示对两类投票数据进行二元政治亲和力评分，1 = "是"或赞成，2 = "否"或反对。PA 的值范围从 − 1（最不相似的投票）到 1（大多数相似的投票）。其中，d_t 是给定年份中联合国成员投票之间的度量距离之和，d_{max} 是这些投票可能的最大度量距离。数据来源于国外学者伽茨克（Eric Gartzke）整理的联合国投票数据集。

（2）文化距离。本章对文化距离的衡量参考霍夫斯塔德（Hofstede）的六维文化理论，主要包括个人主义/合作主义维度、权利距离维度、男子气概维度/女子气质维度、不确定性规避维度、长短期导向性维度、放纵约束维度。各国的数据来源于霍夫斯塔德（Hofstede）官网，方法为采用科格特和辛格（Kogut and Singh，1998）的模型计算两国间文化距离。两国间某一维度的距离取两国该维度文化指数差值的绝对值。具体计算公式见式（7.4）。

$$CD_h = \frac{\sum_{h=1}^{6}\left\{\frac{(H_{hc} - H_{hf})^2}{V_h}\right\}}{6} \tag{7.4}$$

式（7.4）中，CD_h 表示两个国家的文化距离，h 表示六个不同的维度，c 表示中国，f 表示东道国，H_{hf} 表示 f 国家第 h 个文化指数，V_h 表示第 h 个文化维度的方差。

（3）制度距离。本章将制度距离分为了管制距离和规范距离。在管制距离上，选取司法独立性、政府官员在决策中的公正性、政府决策的透明度、警察服务的可靠性、反垄断政策的有效性、法律框架的效率六个指标来进行衡量；在规范距离上，选取公司董事会的有效性、员工培训的程度、反垄断政策的有效性、客户导向的程度、薪酬和生产率、对专业管理的依赖性六个指标来进行衡量（Chao and Kumar，2009）。各国的数据来源为世界经济论坛的《全球竞争力报告》，由于管制距离和规范距离指标每年都在变化且只有 2006 ~ 2017 年的数据，而本章因变量的样本为 2005 ~ 2018 年，因此，选取各个维度 2006 ~ 2017 年子要素的平均值作为该要素的值。两国间管制维度和规范维度的距离取该维度指数差值的绝对值。本章借鉴科格特和辛格（Kogut and Singh，1998）的计算模型来计算两国间的制度距离。因此，管制距离的计算公式见式（7.5）。

$$RD_h = \frac{\sum_{h=1}^{6} \left\{ \frac{(H_{hc} - H_{hf})^2}{V_h} \right\}}{6} \tag{7.5}$$

规范距离的计算公式见式（7.6）。

$$ND_h = \frac{\sum_{h=1}^{6} \left\{ \frac{(H_{hc} - H_{hf})^2}{V_h} \right\}}{6} \tag{7.6}$$

式（7.5）中 RD_h 表示两个国家的管制距离，式（7.6）中 ND_h 表示两个国家的规范距离，h 表示六个不同的维度，c 表示中国，f 表示东道国，H_{hf} 表示 f 国家第 h 个制度指数，V_h 表示第 h 个制度维度的方差。

3. 控制变量

在控制变量的选择上，本章加入了国家层面的宏观因素，行业层面的中观因素和企业层面的微观因素，以期更好地拟合模型。

（1）东道国市场规模。东道国的市场规模越大，中国企业越有可能在该国投资。通常来看，东道国市场规模越大，采用绿地投资的方式进入的企业拥有的市场机会越多，建立市场销售网络的难度越低。卡比等（Al–Kaabi et al.，2010）的研究结果也表明当东道国市场巨大时，采取绿地投资方式是大多数企业的战略选择。本章用东道国的 GDP 来衡量市场规模。数据来源于世界银行，选取的是企业投资行为发生当年的东道国实际 GDP（2010 年不变美元）。由于 GDP 数字较大，故取其对数值作为当年东道国市场规模的替代值。

（2）经济增长速度。一般来说，东道国的经济增长越快，表明东道国的市场发展潜力越大，企业选择合资进入的比例越低。本章选取企业投资行为发生当年的东道国 GDP 增长率来衡量经济增长速度，该数据来源于世界银行。

（3）地理距离。中国与东道国在地理距离上相距越远，意味着中国需要承担的风险越大，当风险来临时，中国企业更难从东道国撤离，面临的损失也就更大（如李璐男，2017）。因此，地理距离越大，企业更愿意选择并购或者合资的方式进入东道国。本章对地理距离取对数值作为两国地理距离的替代值，数据来源于法国前景研究与国际信息中心地理及距离数据库。

（4）行业类型。不同的行业在进行对外投资时会选择不同的投资模式。例如，第二产业如果是为了利用国外廉价的劳动力来进行生产，则更有可能选择绿地投资的模式进入。如果目的是获取国外市场则更有可能选择并购或者合资的模式进入，从而利用国外企业已有的销售网络迅速获取国外市场。陈怀超和范建红（2013）在研究制度距离对中国跨国公司投资模式的影响时就加入了行业类型作为控制变量。因此，本章将企业所属的行业类型作为控制变量，第一大产业赋值为 1，第二大产业赋值为 2，第三大产业赋值为 3。数据来源于2013 年国家统计局公布的《三次产业划分规定》。

（5）企业所有权性质。在企业对外投资的过程中，国有企业享有的国家政策扶持力度更大，融资能力更强，非国有企业则会受到较多的准入限制和融资制约。因此，企业所有制性质的不同也会对投资模式产生影响（宋勇超，2017）。葛顺奇和罗伟（2013）的研究也表明企业的国有性质在跨国投资的过程中起到了显著的促进作用。本章加入分类变量，若企业为国有企业，赋值为1，否则赋值为 0。数据来源于 CSMAR 数据库。

（6）企业资本密集度。由于中国和东道国在文化方面存在普遍的差异，当选择并购的投资模式进入东道国时，对组织内部进行人力资源整合的难度就会加大。并购后进行资源整合主要是针对资本，因此，企业的资本密集度越大，整合的难度越小，企业更愿意选择并购的投资模式（周茂等，2015）。借鉴周茂的方式，本章用企业固定资产投资和员工人数的比值，再取对数值作为企业资本密集度的替代值。数据来源于 CSMAR 数据库。

7.4　投资模式选择次序

本章利用 SPSS 分析软件对各变量进行了描述性统计和 Logit 多元回归分析，最终得出各个解释变量对投资模式的影响。为了获得样本的基本信息，在进行回归分析之前，首先用 SPSS 分析软件对各变量进行描述性统计，结果见表 7 - 2。在 129 家样本企业中，100 家企业选择绿地投资，29 家企业选择跨国并购，82 家企业选择独资，47 家企业选择合资。可以看出绿地独资是多数中国企业"走出去"选择的投资模式（黄凌云和王军，2016）。由表 7 - 2 可以看出，样本企业投资的东道国与中国的政治距离分布跨度较大，最高的政治契合度达到 1，而最低的政治契合度却为负值，所以用此样本来分析政治契合度对投资模式的影响是可行的。对于制度距离和文化距离，二者的标准差相对于其他变量都较大，均在 1.4 以上，表明变量随机分布，样本选取较好。

表 7 - 2   描述性统计结果

变量	最大值	中值	最小值	均值	标准差
PA	1.000	0.969	- 0.586	0.879	0.253
RD	4.676	0.786	0.232	1.377	1.442
ND	4.140	0.941	0.224	1.641	1.424
CD	17.182	2.018	1.053	2.458	2.019
MS	28.598	26.460	23.784	26.641	1.017
GI	8.154	4.094	- 7.821	4.258	2.180
GD	9.865	9.697	7.006	9.598	0.333
ID	3.000	2.000	1.000	2.116	0.388
CA	14.092	11.628	9.139	11.609	0.985
ON	1.000	0.000	0.000	0.171	0.378

资料来源：笔者根据 SPSS 输出结果整理而得。

为了判断选取的变量是否合适，需要对各变量进行多重共线性检验。如果选取的自变量之间存在多重共线性，估计出来的结果显著性将失去意义，预测失败。为了判断选取的多个自变量之间是否有多重共线性，本章利用 SPSS 软件对 10 个自变量进行检验，检验结果见表 7 - 3。由表 7 - 3 的结果可知，模型中所有自变量的方差膨胀因子 VIF 值均小于 6，由此可以确定模型自变量之间没有出现共线性问题，模型选择的变量较好。

表 7 - 3   自变量方差膨胀因子 VIF 结果

变量	PA	RD	ND	CD	MS	GI	GD	ID	CA	ON
VIF	1.306	5.253	5.260	1.419	1.263	1.484	1.571	1.090	1.103	1.028

资料来源：由 SPSS 输出结果整理而得。

接下来进行多元 Logit 回归分析。将并购合资作为对照组，用其他三种投资模式依次和其进行对比，并通过极大似然估计法对回归模型的参数进行估计。由于已经设定了基准项为并购合资，因此回归结果是逐对进行比较的，从而得出投资模式的优先选择次序，为中国企业投资模式的选择提供理论依据。依据前文设定的多元 Logit 回归模型对参数 β_j 进行估计，其回归结果见表 7 - 4。

由表 7 - 4 可得，第一，关于政治距离对企业投资模式的影响。政治距离对投资模式"绿地独资 VS 并购合资""绿地合资 VS 并购合资"呈现显著的正向影响（6.29，6.65）。具体来看，当中国和东道国之间的政治距离每缩小 1 单位，企业选择绿地独资和绿地合资的概率分别比选择并购合资的概率要高 6.29% 和 6.65%，对于"并购独资 VS 并购合资"企业并没有表现出明显的偏好。第二，关于制度距离对企业投资模式的影响。我们将制度距离分为了管制距离和规范距离。管制距离对投资模式"绿地独资 VS 并购合资""绿地合资 VS 并购合资"呈现显著的正向影响（1.81，2.08），即当中国和东道国之间的管制距离每提高 1 个单位，企业选择绿地独资和绿地合资的概率分别比选择并购合资的概率要高 1.81% 和 2.08%，对于"并购独资 VS 并购合资"企业并没有表现出明显的偏好。规范距离对投资模式"绿地独资 VS 并购合资""绿地合资 VS 并购合资"呈现显著的负向影响（-1.62，-2.01），即当中国和东道国之间的规范距离每提高 1 个单位，企业选择并购合资的概率分别比选择绿地独资和绿地合资的概率要高 1.62% 和 2.01%，对于"并购独资 VS 并购合资企业"并没有表现出明显的偏好。第三，关于文化距离对企业投资模式的影响。文化距离对投资模式"绿地独资 VS 并购合资""绿地合资 VS 并购合资"呈现显著的正向影响（0.95，1.89），即当中国和东道国之间的文化距离每提高 1 个单位，企业选择绿地独资和绿地合资的概率分别比选择并购合资的概率要高 0.95% 和 1.89%，对于"并购独资 VS 并购合资"企业并没有表现出明显的偏好。

表 7 - 4   **Logit 多值回归结果**

自变量	模式对比		
	绿地独资 VS 并购合资	绿地合资 VS 并购合资	并购独资 VS 并购合资
PA	6.294 *** (0.008)	6.652 ** (0.018)	-0.806 (0.823)
RD	1.807 *** (0.004)	2.075 *** (0.004)	1.385 (0.128)
ND	-1.622 *** (0.007)	-2.013 *** (0.005)	-0.364 (0.742)

续表

自变量	模式对比		
	绿地独资 VS 并购合资	绿地合资 VS 并购合资	并购独资 VS 并购合资
CD	0. 951 ** (0. 045)	1. 187 ** (0. 016)	0. 564 (0. 409)
MS	1. 095 ** (0. 040)	1. 486 *** (0. 010)	1. 362 * (0. 060)
GI	0. 151 (0. 621)	0. 303 (0. 352)	0. 753 (0. 117)
GD	− 2. 893 (0. 302)	− 1. 173 (0. 716)	− 2. 384 (0. 518)
ID	− 0. 857 (0. 597)	− 0. 682 (0. 712)	2. 762 (0. 245)
CA	− 0. 054 (0. 853)	0. 200 (0. 573)	− 0. 182 (0. 721)
ON	0. 007 (0. 993)	0. 685 (0. 464)	16. 753 (0. 996)

注:"（ ）"中数字为 P 值; * 表示 $P < 0.10$, ** 表示 $P < 0.05$, *** 表示 $P < 0.01$;"VS"表示"比较",如"绿地独资 VS 并购合资"表示两类企业进行比较。

资料来源:由 SPSS 输出结果笔者整理而得。

通过对回归结果的整理与分析,当中国和东道国的政治距离、制度距离和文化距离分别增加时,企业优先选择的投资模式的次序见表 7 - 5。由表 7 - 5 的结果可知,如果中国与东道国的政治距离较大,企业的最优选择是采取并购的方式进入,对股权结构没有明显的偏向;但当企业采取绿地投资的方式进入,在股权方式的选择上独资要优于合资,这就验证了假设 H1a 和 H1b 成立;如果中国与东道国的文化距离较大,企业最优选择的投资模式是绿地合资,即绿地优于并购,合资优于独资,这就验证了假设 H2a 和 H2b 成立;在分析制度距离的管制距离和规范距离这两个维度时,本章得出了两种不同的结果。如果中国与东道国的管制距离较大,企业最优选择的投资模式是绿地合资,即绿地优于并购,合资优于独资,这就验证了假设 H3a 和 H3b 成立;如果中国与东道国的规范距离较大,企业的最优选择是采取并购的方式进入,对股权结构没有明显的偏向,但当企业采取绿地投资的方式进入时,在股权方式的选择上独资要优于合资,这就验证了假设 H4a 和 H4b 成立。

表7-5 中国企业投资模式的选择次序

影响因素	优先次序			
	1	2	3	4
政治距离	并购合资、并购独资 没有显著的优先次序		绿地独资	绿地合资
管制距离	绿地合资	绿地独资	并购合资、并购独资 没有显著的优先次序	
规范距离	并购合资、并购独资 没有显著的优先次序		绿地独资	绿地合资
文化距离	绿地合资	绿地独资	并购合资、并购独资 没有显著的优先次序	

资料来源：由表7-4的实证研究结果笔者整理得出。

之后，本章对模型进行了似然比检验。对于整体模型而言，最终的模型和不含自变量只有常数项的模型相比，χ^2的值为45.477，在90%的显著性水平下有效，因此，可以确定模型整体有效。然后，对自变量的各项系数进行似然比检验，结果见表7-6。由表7-6可以看出解释变量中 PA、RD、ND 和 CD 在98%以上的水平上都是显著有效的，可以拒绝原假设，得出他们的系数显著不为零。由此可以认为政治距离、制度距离和文化距离都显著影响企业的投资模式。

表7-6 似然比检验

变量	χ^2	显著性
PA	20.313	0
RD	12.721	0.005
ND	12.101	0.007
CD	9.955	0.019
MS	10.130	0.017
GI	3.956	0.266
GD	2.986	0.394
ID	8.639	0.195
CA	1.082	0.781
ON	3.104	0.376

资料来源：由 SPSS 输出结果笔者整理而得。

为了判断模型预测效果的好坏，进一步将模型预测的结果和实际样本数据进行比对，结果见表 7 - 7。

表 7 - 7　　　　　　　　　　　模型预测结果

实测	预测				
	绿地独资	绿地合资	并购独资	并购合资	正确百分比
绿地独资	70	0	0	5	93.3%
绿地合资	17	5	0	3	20.0%
并购独资	5	1	1	0	14.3%
并购合资	13	0	0	9	40.9
总体百分比	81.4%	4.7%	0.8%	13.2%	65.9%

资料来源：由 SPSS 输出结果笔者整理而得。

由表 7 - 7 可以看出，在实际选择投资模式为绿地投资的 75 家企业中有 70 家企业被模型正确地分类，模型对绿地投资的预测正确率最高，达到 93.3%。而选择绿地合资的 25 家企业中有 20.0% 的企业被模型正确地分类，选择并购独资和并购合资的企业分别有 14.3% 和 40.9% 的企业被正确分类。总体来说，模型对绿地独资的预测正确率较高，但对于其他三种投资模式预测的结果却较低。这是由于当因变量分组的观测值在几组中的数量差别较大时，无论模型拟合的有多好，根据统计量预测的结果，总是会把更多的观测分入包含大数据量的组中。对于本章的样本数据，我们可以看出选择绿地独资的企业有 75 家，远大于选择其他三种投资模式的企业数量，所以在表 7 - 7 的预测结果中，实际选择其他三种投资模式的企业却被更多地分在了选择绿地投资的企业里，导致预测正确率较低。然而，当我们从整体来看时，所有因变量被模型正确分类的将近 66%，这说明模型对数据的预测效果还是不错的，可以被接受。

7.5　小结

本章从微观层面对投资模式进行了确定。"一带一路"倡议的提出为中国企业"走出去"提供了巨大的发展机遇，由于中国与沿线各地区之间存在较大的差异，企业要根据实际情况针对不同区域采取不同的投资模式。为了帮助企业能够顺利地"走出去",本章基于政治距离、文化距离和制度距离,通过建立多元 Logit 回归模型探讨了中国企业投资模式的选择问题,得出以下结论:

(1)中国与东道国的政治距离越大,企业越倾向于选择并购的投资模式;在股权方式的选择上,企业更倾向于独资。

(2)中国与东道国的文化距离越大,企业越倾向于选择绿地合资的投资模式,即绿地优于并购,合资优于独资。

(3)中国与东道国的管制距离越大,企业越倾向于选择绿地合资的投资模式,即绿地优于并购,合资优于独资。

(4)中国与东道国的规范距离越大,企业越倾向于选择并购的投资模式;在股权方式的选择上,企业更倾向于独资。

基于研究结论,提出如下对策建议:

第一,由于"一带一路"沿线国家大多为发展中国家,政治环境不稳定,且与中国没有较高的政治契合度,所以企业在选择投资模式时要重点关注中国与东道国的政治距离。当面对市场机会比较大但与中国存在较大政治距离的东道国如印度、菲律宾等国家时,企业最好选择并购独资或者并购合资的方式进入,但要尽量避开绿地合资的方式。

第二,考虑到制度距离对投资模式的影响,企业要明确是东道国的政府决策和法律环境等因素与中国的差异较大导致两国制度距离较大,还是当地企业自身行为规范与中国企业差异较大导致的两国制度距离较大。如果是前者,企业最好的选择是绿地合资的投资模式;如果是后者,企业最好选择并购独资或者并购合资而要避开绿地合资的投资模式。

第三,对投资模式起决定作用的一般都是宏观层面的因素,如本章研究的政治、文化和制度距离。然而,很多企业在"走出去"时更多关注企业本身的情况而容易忽略宏观因素,也缺乏对国与国之间存在差异的认识。对此,政府应该加强对企业的政策支持,提供相关的信息培训,让企业选择投资模式时更加全面地认识到需要面对的外部风险,从而促进企业更好更快地"走出去"。

第 8 章
中国企业"走出去"投资合作模式

8.1　　**境外经贸合作区**

　　"一带一路"倡议提出以来，不论是国有企业还是民营企业都积极响应，在国际贸易合作方面进行着不断的探索和尝试。从目前的投资合作模式来看，建设经贸合作区是当前促进"一带一路"沿线国家进行国际产能和装备制造合作的重要途径。根据商务部公布的数据，截至 2018 年 9 月，中国在 24 个"一带一路"沿线国家在建的境外经贸合作区共 82 个，累计投资 304.5 亿美元，园区内入驻企业 4 098 家，上缴东道国税费 21.9 亿美元。其中已经通过商务部确认考核的合作区共 20 个（见表 8 - 1），累计投资 201.3 亿美元，园区内入驻企业 873 家，上缴东道国税费 21.2 亿美元。

表 8 - 1　　　　　　　　通过确认考核的境外经贸合作区名录

序号	合作区名称	境内实施企业名称
1	柬埔寨西哈努克港经济特区	江苏太湖柬埔寨国际经济合作区投资有限公司
2	泰国泰中罗勇工业园	华立集团股份有限公司
3	越南龙江工业园	前江投资管理有限责任公司
4	巴基斯坦海尔—鲁巴经济区	青岛海尔集团电器产业有限公司
5	赞比亚中国经济贸易合作区	中国有色矿业集团有限公司
6	中埃苏伊士经贸合作区	中非泰达投资股份有限公司
7	尼日利亚莱基自由贸易区	中非莱基投资有限公司
8	俄罗斯乌苏里斯克经贸合作区	康吉国际投资有限公司

序号	合作区名称	境内实施企业名称
9	俄罗斯中俄托木斯克木材工贸合作区	中航林业有限公司
10	埃塞俄比亚东方工业园	江苏永元投资有限公司
11	中俄（滨海边疆区）农业产业合作区	黑龙江东宁华信经济贸易有限责任公司
12	俄罗斯龙跃林业经贸合作区	黑龙江省牡丹江龙跃经贸有限公司
13	匈牙利中欧商贸物流园	山东帝豪国际投资有限公司
14	吉尔吉斯斯坦亚洲之星农业产业合作区	河南贵友实业集团有限公司
15	老挝万象赛色塔综合开发区	云南省海外投资有限公司
16	乌兹别克斯坦"鹏盛"工业园	温州市金盛贸易有限公司
17	中匈宝思德经贸合作区	烟台新益投资有限公司
18	中国·印尼经贸合作区	广西农垦集团有限责任公司
19	中国印尼综合产业园区青山园区	上海鼎信投资（集团）有限公司
20	中国·印尼聚龙农业产业合作区	天津聚龙集团

资料来源：中国商务部"走出去"公共服务平台。

境外合作区是中国企业"走出去"的重要模式之一，是中国企业"抱团出海"，降低境外投资风险的"中国方案"。境外经贸合作区不仅具有资源开发、制造加工、商贸物流和科技研发等功能，也提供产能合作信息平台、融资咨询服务、专业人才培训等商贸合作方面的支持，是连接中国企业和东道国之间的重要纽带和载体。

近年来，产业园区成为中国企业在国内开展经营活动的重要模式之一，短短几年也经历了从劳动密集型产业为主的加工贸易产业园区，逐渐向资金密集型和科技密集型的科技园区、创业园区模式的转变。在产业园区模式下，企业的生产经营能够获得更多集聚效应，有助于产业转型过程中产业链的重构和发展，这些实践经验也逐渐成为中国企业"走出去"过程中的"中国方案"。

中国企业在境外投资建设的境外经贸合作区，是以企业为主体，以商业运作为基础，以促进互利共赢为目的，主要由投资主体根据市场情况、东道国投资环境和引资政策等多方面因素进行决策。投资主体通过建设合作区，吸引更多的企业到东道国投资建厂，增加东道国的就业和税收，扩大出口创汇，提升技术水平，促进经济共同发展。作为我国企业"走出去"的重要平台和有力抓手，境外合作区为入园投资企业提供的服务主要围绕以下几类①：

信息咨询服务。主要包括政策咨询、法律服务和产品推介。其中：（1）政策咨询主要是指境外经贸合作区实施企业（简称"实施企业"）为进入合作区投资创业的企业（简称"入区企业"）搭建与东道国政府部门和有关机构沟通、协调的平台，提供包括投资、贸易、金融、产业等相关政策咨询服务；（2）法律服务是指实施企业为入区企业提供东道国与投资相关的法律咨询服务，帮助入区企业了解东道国基本法律，熟悉投资环境，寻找和委托相应的法律服务中介机构；（3）产品推介是指实施企业协助入区企业参加东道国举办的展览会、行业产品对接会、贸易洽谈会等，为企业搭建合作平台，推介入区企业生产的产品。

运营管理服务。主要包括企业注册、财税事务、海关申报、人力资源、金融服务和物流服务。具体来看，（1）企业注册服务主要是实施企业建立与东道国外资管理部门或投资促进机构的沟通和联系机制，为入区企业提供在东道国注册登记的相关咨询服务，协助入区企业办理注册登记、投资项目环境影响评估和规划设计审批等相关手续。（2）财税事务服务主要是实施企业为入区企业提供东道国相关财务和税收方面的政策咨询，并协助入区企业在财务管理、商标注册、税收申报和缴纳等方面的工作。（3）海关申报服务主要是实施企业为入区企业提供东道国关于海关申报、进口设备清关、仓储运输、进出口手续、原产地证明及关税申报等相关咨询服务。（4）人力资源服务主要是实施企业为入区企业提供东道国关于员工管理、人员签证等政策咨询服务，并协助入区企业举办员工培训、人员招聘、人才交流等人力资源方面的事务。（5）金融服务主要是实施企业为入区企业提供投融资、保险等金融咨询服务，协助企业办理相关金融手续，建立入区企业和国内外金融机构联系的渠道。（6）物流服务主要是实施企业可根据入区企业的要求，为提供必要的物流服务，包括运输、存储、装卸、搬运、配送、信息处理等。

① 中国境外经贸合作区网站，http://www.cocz.org/news/content-243519.aspx。

物业管理服务。主要是租赁服务、厂房建设、生产配套、生活配套、卫生服务和医疗服务。具体来看，（1）租赁服务主要是根据入区企业的要求，为入区企业提供标准厂房、写字楼、仓库、展示厅、堆场等设施的租赁服务。（2）厂房建设，是指在入区企业新建厂房时提供必要的支持，协助入区企业办理包括设计、施工招标、申请厂房建筑许可证、厂房开工证以及验收执照等在内的相关手续。（3）生产配套，是指为入区企业提供生产方面的便利和配套服务，主要包括在供电、供水、供暖、通信、通气、安保、废水处理、垃圾处理以及有毒废料处理等方面的服务。（4）生活配套，主要是为入区企业的员工提供宿舍、公寓、运动健身、文化娱乐以及各种餐饮等生活服务。（5）维修服务，是为园区内的企业解决生产、生活中遇到的维修困难，提供更专业、更高效的服务。（6）医疗服务，为园区内企业相关人员提供简易医疗救治服务，并与合作区所在地的医院建立畅通的紧急救治通道。

突发事件应急服务。园区要做好突发事件应急预案，有效预防和应对火灾、水灾、罢工、破坏活动等突发事件的处理和救援工作，确保园区和入驻企业在经营活动中的人身和财产安全。

8.2　对外承包工程

商务部组织编写的《中国对外承包工程发展报告（2017－2018）》指出，在"一带一路"倡议的引领下，中国对外承包工程企业不断适应新形势，探索新业态，在2017年实现了业务规模的持续攀升，对外承包工程行业成为落实"一带一路"倡议和国际产能合作的重要力量和实现载体，在中国企业"走出去"过程中发挥了积极的作用。

8.2.1　"一带一路"沿线国家对外承包工程市场需求

1. 总体情况

随着"一带一路"倡议的深入推进，中国在带动沿线国家经济发展、改善基础设施建设水平和推动区域互联互通等方面不断取得新的进展。中国企业"走出去"的积极性也随之提高，越来越多的企业在积极拓展境外市场，对外承包工程也逐渐成为中国企业"走出去"的重要合作方式之一。

"一带一路"倡议提出以来，中国对外承包工程业务发展呈现出的特点可以概括为以下几点：

第一，随着"一带一路"倡议的持续推进，沿线国家市场的对外承包工程业务持续增长。自2001年以来，中国对外承包工程业务就已经实现持续性增长。2013年"一带一路"倡议提出之后，对外承包工程业务在沿线国家市场的业务规模不断扩大，占比也呈现上升趋势。截至2017年，中国对外承包工程业务的整体规模实现稳步攀升，累计签订合同额2.1万亿美元，完成营业额1.4万亿美元。根据商务部的统计，在2017年新签合同额排名前十的境外市场中，"一带一路"沿线国家有五个，分别是马来西亚、印度尼西亚、巴基斯坦、孟加拉国和俄罗斯，且新签合同额均超过70亿美元。"一带一路"倡议的提出，对中国对外承包工程企业而言，为其提供了更加广阔的市场空间和重要的发展机遇。

第二，对外承包工程业务在交通运输建设、一般建筑和电力工程建设等领域不断实现转型升级和模式创新。中国企业在"一带一路"沿线地区的承包工程业务主要集中在交通运输建设、一般建筑和电力工程建设三大领域，发展速度较快，并且不断在探索业务转型，推动发展模式创新。中国企业在"走出去"的过程中，依托于技术改善、运营管理和资源整合等方面的优势，在交通运输建设、一般建筑和电力工程建设等领域积极推进投资、建设和运营管理一体化开发建设模式，积极拓展"一带一路"沿线市场空间。2017年，中国企业在巴基斯坦、老挝、印度尼西亚、巴西等"一带一路"沿线国家市场开发建设了一批项目，如蒙内铁路建成并投入运营，签订巴基斯坦卡西姆港卸煤码头运行和维护项目，并且以投资的方式开发建设了一批电力项目。

第三，对外承包工程业务引导国内优势产业"走出去"，积极参与国际产能合作，并取得显著成效。当前，国家大力推动国际产能合作，中国企业

"走出去"的产业方向和重点领域也在不断调整，对外承包工程企业充分发挥布局全球的网络优势，对接国内国际产能合作发展需求，积极参与境外经贸合作区、农业、资源和建材等领域的项目开发，不仅弥补了当地产业空白，提升了所在国的经济发展能力，同时也带动了国内钢铁、有色金属、建材、化工和工业机械等产业链上下游产业更好地"走出去"。

"一带一路"倡议沿线国家对外市场承包工程业务情况见图 8-1。

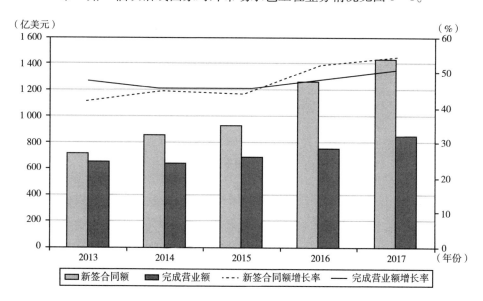

图 8-1　2013~2017 年"一带一路"倡议沿线国家对外市场承包工程业务走势

资料来源：《2017-2018 年对外承包工程发展报告》。

2. 各主要地区总体情况

2017 年，中国企业在各大洲的对外承包工程业务并不均衡，具体见图 8-2。"一带一路"倡议对亚洲及周边市场的带动作用显著，对外承包工程业务增长较快。亚洲市场持续保持中国对外承包工程业务的第一大市场的地位。2017 年的对外承包工程业务中，新增合同额占比攀升至 54.2%，达到历史新高。其中东南亚和南亚市场对外承包工程业务实现较快增长。

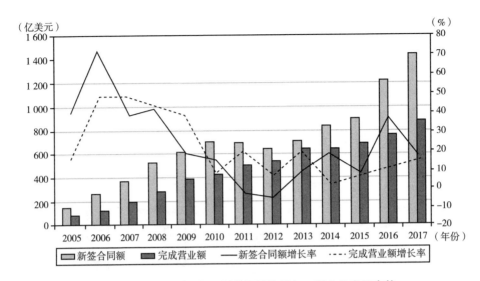

图 8 - 2　2005～2017 年亚洲市场对外承包工程业务发展走势

资料来源：《2017-2018 年对外承包工程发展报告》。

从对外承包工程的业务领域来看，增长较快的领域主要集中在交通运输建设、一般建筑、电力工程建设、石油化工、工业建设等。其中交通运输建设、一般建筑和电力工程建设三大领域的新签合同额占比超过 70%。具体来看，交通运输建设和一般建筑领域的新签合同额和完成营业额的增长较快。但是，电力工程建设领域的情况有所不同。虽然营业额实现了稳步攀升，但新签合同额则出现下降。同时，在通信工程建设、工业建设、废水处理等领域的业务也有所增长，但是石油化工领域业务下降。亚洲地区当前的基础设施建设和制造业领域的市场需求较大，且"一带一路"倡议提出以来，亚洲各地区与中国在基础设施方面的合作也在不断加强。对外承包工程项目的不断推进以及各种合作模式的不断创新，不仅带动了更多出口与合作，也为双边提供了更多机遇。

从"走出去"的中国企业整体情况来看，中国企业在亚洲市场的对外承包工程项目呈现出大型化、复杂化的趋势。在亚洲市场上参与的企业包括中国交通建设股份有限公司、中国中铁股份有限公司、中国水电建设集团国际工程有限公司、中国石油管道局工程有限公司、中国葛洲坝集团股份有限公司以及中国建筑集团有限公司等众多企业。其中，中国建筑集团有限公司在亚洲市场新签合同额和完成营业额都位列首位，业务规模较大的领域集中在大型铁路项目。

从亚洲市场的国别业务规模来看，巴基斯坦、印度尼西亚和马来西亚等市场的新签合同额及完成营业额均位居前列。其中，巴基斯坦完成营业额113.4 亿美元，同比增长 56%；沙特阿拉伯完成营业额 63.4 亿美元，同比降低 33.1%；马来西亚完成营业额 81.5 亿美元，同比增长 71.6%；印度尼西亚完成营业额 55.6 亿美元，同比增长 36%。马来西亚的新签合同额为248.5 亿美元，同比增长 121.2%；印度尼西亚的新签合同额为 172 亿美元，同比增长 60.4%；巴基斯坦的新签合同额为 107.5 亿美元，同比减少 7.2%。

非洲市场是中国对外承包工程业务的传统市场，但是近年来受到国际大宗商品低迷、部分非洲国家财政收入下降和建设资金匮乏等不利影响，中国企业在非洲市场的对外承包工程业务发展面临一定的困境，业务拓展和经营都面临一定难度。从统计数据来看，2017 年业务总体规模下降，新签合同额 765 亿美元，占比 29%，为 2011 年以来最低占比，仅在东非、西非市场实现业务增长。

从对外承包工程的业务领域来看，中国企业在非洲市场的业务主要集中在交通运输建设、一般建筑和电力工程建设三大领域，但是 2017 年在上述三大领域的新签合同金额也有所下降，同时出现下降的业务领域还有通信工程建设、石油化工等领域。

在非洲市场的中国企业数量较多，影响较大。2017 年中国企业在非洲市场上对外承包工程新签合同额超过 500 万美元的项目累计达到 995 个，业务排名前 20 名的中国企业累计新签合同额和完成营业额分别占了非洲市场的 60% 和 44%，其中新签合同额位列前 5 名的企业是中国水电建设集团国际工程有限公司、中国路桥工程有限责任公司、中国葛洲坝集团股份有限公司、中国土木工程集团有限公司和华为技术有限公司。完成营业额位列前 5 名的企业是华为技术有限公司、中国建筑集团有限公司、中国水电建设集团国际工程有限公司、中国路桥工程有限责任公司和中国土木工程集团有限公司。

尽管当前非洲市场呈现萎缩态势，但是随着全球经济的逐步回暖，非洲地区的基础设施建设市场潜力仍然十分巨大。"一带一路"建设在非洲开局良好，双方都有深入合作的愿望，中国企业在非洲市场"走出去"还将迎来新的发展空间和机遇。未来投资重点还应在交通、通信和电力等基础设施建设领域，同时中非产能合作将会成为未来合作的亮点。但是，在非洲市场的投资还要综合考虑可能面对的各种市场风险。

在欧洲市场，中国企业实现了较快增长，在俄罗斯、法国、乌克兰等国家签署了多项新的合作项目，累计新签合同额172.2亿美元，同比增长70%。主要业务领域集中在石油化工、通信工程建设、交通运输建设以及电力工程建设等领域。

与其他市场相比，中国企业在欧洲市场的业务和发展前景都有所不同，面临着更多压力。所以，如何在项目建设的同时，探索更多合作模式，积累更多项目运营和企业管理经验，实现转型发展和业务升级尤为重要。

未来合作过程中，中国也将在欧洲市场进行物流、旅游等领域的合作。随着中欧班列的推进，"一带一路"建设会进一步推进双方的互联互通，在更多领域实现共赢。

在拉丁美洲市场，中国企业的对外承包工程项目主要集中在委内瑞拉、阿根廷和厄瓜多尔等国，业务领域主要涉及石油化工、交通运输建设、通信工程和电力工程建设等行业。

8.2.2 中国企业对外承包工程重点领域

中国企业对外承包工程业务实现了稳步增长。中国在与"一带一路"沿线国家和地区的投资合作中，主要围绕交通运输建设（占比26.2%）、一般建筑（占比21.2%）、电力工程建设（占比21.1%）、石油化工、水利建设、工程建设和制造加工设施建设项目等领域。从不同领域在总投资中所占比例可以看出，中国企业对外承包工程重点领域主要是交通运输建设领域、一般建筑领域、电力工程建设领域。具体见图8-3。

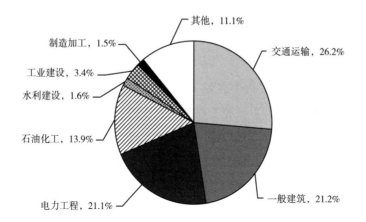

图 8 − 3 对外承包企业在"一带一路"沿线国家市场业务涉及领域

资料来源:《2017 − 2018 对外承包工程发展报告》。

1. 交通运输建设领域

中国企业在交通基础设施建设方面具有丰富的技术实力和项目经验。交通运输建设领域已经多年成为对外承包工程业务规模最大的领域,具体体现在公路桥梁、铁路、港口以及港口设施建设、机场及其他交通设施建设。其中,随着中国高铁"走出去"不断取得丰硕成果,铁路建设项目在"一带一路"建设中也实现了较快发展,在带动经济增长、拉动就业、改善地区基础设施条件等方面发挥了良好作用,显著改善了当地居民的生活,落实了"一带一路"倡议的宗旨和目标。2017 年,铁路领域新签合同额达 357.7 亿美元,同比增长 72.3%。其中,较有影响力的铁路项目包括蒙内铁路项目、匈塞铁路项目、中泰铁路项目、阿根廷贝尔格拉诺铁路改造项目、以色列特拉维夫轻轨项目以及巴基斯坦拉合尔轨道项目。

交通运输建设项目多集中在亚洲市场和非洲市场。在亚洲市场的新签合同额占全部投资的 51.4%,非洲占比 35.1%;从完成营业额来看,亚洲市场占比 45.4%,非洲市场占比 40.9%,其中马来西亚、肯尼亚、孟加拉国、尼日利亚、澳大利亚等国家市场的交通运输建设业务发展良好。值得关注的是在北美市场,中国建筑集团有限公司签约纽约长岛铁路项目,实现了对外承包工程企业在该市场铁路建设项目的突破。

2. 一般建筑领域

中国企业"走出去"过程中有关一般建筑领域主要包括用于商业活动的商用建筑、居住用住宅、教育设施、政府办公设施、体育设施、酒店旅馆、会展中心以及卫生保健机构及其他设施。中国企业在一般建筑领域的投资项目在亚洲、欧洲和大洋洲实现了较快增长，其中在亚洲完成新签合同额 354.4 亿美元，占该领域境外投资业务的 59.8%；在非洲完成新签合同额 159.3 亿美元，占比 26.9%，但是相比上年下降 3.1%。

3. 电力工程建设领域

电力工程建设项目主要包括火电厂、水电站、太阳能发电站、风力发电站、核电站建设以及其他输电线工程、变电工程、换流站工程以及电站运营维护和改造等业务。

近年来，随着国际社会对新能源的高度关注，电力市场需求旺盛，电力工程建设项目持续成为中国企业境外投资的热点领域，而且随着中国企业在该领域的技术水平不断提高，项目实施和管理经验不断丰富，中国企业在该领域的境外市场不断得到扩展，重点合作项目不断取得新的突破。中国企业与"一带一路"沿线国家的合作也取得了良好的成效，尤其是投建营一体化合作模式在电力工程建设领域的反响良好，其中具有一定影响力的项目包括以 BOO 模式共建的巴基斯坦卡西姆港燃煤应急电站项目、以 BOT 模式开发的巴基斯坦卡洛特水电站项目、以 BOOT 模式开发的巴基斯坦默蒂亚里拉合尔输电工程项目等。

未来的发展中，中国企业还将在"一带一路"建设和全球能源互联网络建设中不断提高参与度，发挥在特高压交直流输电、智能电网建设等方面的技术优势，在沿线国家和地区推进工业园区、港口机场等基础设施项目，积极寻求清洁能源、风力发电和太阳能电站等领域的合作空间。

8.2.3 中国企业对外承包工程相关政策与管理制度

在"一带一路"倡议的引领下，中国企业"走出去"的步伐更加坚定，也不断取得了更加丰硕的成果。在对外承包工程业务领域方面，不断完善顶层设计，进一步规范了行业经营秩序；在对外承包工程行业管理方面，先后取消了对外承包工程资格审批和项目投标核准制度，及时启动了对外承包工程项目备案制度和建立了对外承包数据库，形成了"备案 + 负面清单"的管理模式。随着相关政策和管理制度的不断调整和革新，中国企业在"走出去"的过程中获得了更多权益保障和政策支持。

2017 年 3 月和 9 月，国务院先后发布《关于修改和废止部分行政法规的决定》《国务院关于取消一批行政许可事项的决定》，正式取消了对外承包工程资格审批和对外承包工程项目投标（议标）核准。取消审批之后，商务部加强了对外承包工程的事中事后监管力度，主要措施包括建立对外承包工程的"备案 + 负面清单"制度，进一步明确了企业主管部门、地方政府的监管主体责任，强化备案报告和检测机制；同时采用"双随机、一公开"抽查制度，完善行业协调自律机制；并建立跨部门信用平台和联合惩戒工作机制，对违法违规行为依法进行惩处。

2017 年 10 月，商务部发布《对外投资合作"双随机一公开"监管工作细则（试行）》。在对外投资合作检查过程中，采取随机抽取检查对象、随机选派执法检查人员、及时公开抽查情况和查处结果。涉及的境外投资检查内容主要包括：第一，境外企业是否落实人员和财产安全防范措施、建立预警机制和应急预案；第二，境外企业是否按照相关规定及时向驻外使领馆进行报到登记；第三，境外企业的境内投资主体是否按照规定报告境外投资业务情况和报送统计资料；第四，根据管理需要确定的其他事项。涉及的对外承包工程检查内容主要包括：第一，对外承包工程企业是否足额缴纳备用金；第二，对外承包工程企业是否及时报告业务开展情况、是否报送统计资料；第三，对外承包工程企业在境外与业主签订合同后，是否及时向驻外使馆报告登记；第四，对外承包工程企业是否建立健全并严格执行工程质量和安全生产管理制度；第五，根据管理需要确定的其他事项。对外劳务合作检查主要涉及对外劳务合作企业是否足额缴纳劳务备用金、是否按照规定报送统计资料以及根据管理需要确定的其他事项。

2017 年 11 月，商务部下发《关于做好对外承包工程项目备案管理的通知》，对对外承包工程备案管理中的相关规定做了详细阐述：第一，商务主管部门对一般项目实行备案管理，对在与我国无外交关系的国家和地区承揽的项目、涉及多国利益及重大地区安全风险的项目仍按照特定项目管理；第二，中央企业总部的境外工程项目备案由商务部负责，地方企业和中央企业下属单位的境外工程项目备案由企业注册地省级商务主管部门负责，特定项目办理由商务部统一负责；第三，对备案的要求和时限进行了规定。

企业在线提交《备案表》之后，备案机关对项目是否属于特定项目管理范围进行甄别。属于备案管理范围，且《备案表》填写信息完整准确的，备案机关应在 3 个工作日内完成备案；属于特定项目管理范围的，备案机关应在 3 个工作日内在线通知企业按照有关规定办理。备案机关发现《备案表》填写不完整、不准确的，应在 3 个工作日内在线通知企业补充提交。

2018 年 1 月，商务部、中国人民银行、国资委、银监会、证监会、保监会、国家外汇管理局联合发布《对外投资备案（核准）报告暂行办法》（以下简称《办法》）。该《办法》是引导和规范对外投资发展的重要基础性制度，构建了"管理分级分类、信息统一归口、违规联合承接"的对外投资管理模式，明确对外投资备案按照"鼓励发展＋负面清单"制度进行管理。

8.2.4　问题与挑战

一方面，中国企业在国际工程承包项目方面发展稳定，但是全球市场布局和业务结构还需要转型调整。从全球市场整体情况来看，近年来受到金融危机的影响，全球经济处于缓慢复苏过程中，国际工程市场出现萎缩。在这样的环境下，中国企业总体业务量仍然不断提高，在 ENR 全球最大 250 家国际承包商的榜单上，中国企业数量不断增加，2017 年上榜企业有 65 家，上榜企业国际营业额总量达 987.2 亿美元，其中，中国交建位居第三位。但是，中国企业在全球承包工程国际分工中还处于产业链低端位置。随着劳动力成本和要素价格的提升，中国企业的经营成本逐渐提高，成本优势和利润空间都在逐渐缩减，未来的发展需要进一步提高技术创新水平，转变经营管理方式。同时，"走出去"的企业越来越多，在市场布局、业务领域等方面都缺乏相对系统、清晰的定位和分工,容易出现业务叠加、不正当竞争等问题,从而不利于行业的长期稳定发展。

另一方面,虽然"一带一路"建设持续推进带动了沿线国家和地区市场活跃度的提升,但是投资风险问题仍然十分突出。随着"一带一路"倡议的持续推进,沿线国家在基础设施建设、互联互通项目等方面的投资需求旺盛,与中国项目合作日益紧密,中国企业在沿线市场的对外承包工程业务规模不断扩大。市场发展空间潜力巨大,尤其是能源、交通、建筑和公用事业等领域的建设需求持续旺盛。但是,国际形势持续动荡,尤其是"一带一路"沿线部分国家受到政权更迭、历史问题、宗教纷争甚至恐怖主义等因素的影响,具有较高的政治风险和安全风险。同时,在项目建设与运营过程中,也不断出现一些经济风险和劳工问题,例如汇率变动引起的货币贬值问题、劳工文化等问题,这些风险不但增加了企业的经济成本,还会给企业的运营管理带来很大不确定性,最终可能会给企业带来巨大的损失。

8.3 中国国有企业"走出去"典型案例

8.3.1 中国建筑有限公司收购美国 Plaza 建筑公司

1. 中国建筑有限公司"走出去"发展模式与投资策略

中国建筑有限公司(以下简称"中国建筑")是我国第一批"走出去"的企业之一,其境外业务最早可以追溯至中华人民共和国成立之初。发展至今,中国建筑有限公司在境外拥有近万名管理及工程技术人员,在境外 130 多个国家和地区承建项目 6 000 多项,涵盖房建、制造、能源、交通、水利、工业、石化、危险物处理、电信、排污/垃圾处理等多个专业领域。其中一大批项目得到中外两国元首或政府首脑见签,成为当地标志性、代表性建筑,赢得了所在国家政府和民众的高度认可。

中国建筑有限公司境外业务的开展可以分为以下几个阶段:

第一阶段,1979 年以前的 20 多年,属于公司开展对外经济援助业务的时期。虽然中国建筑是1982年政府机构改革时组建的，但这一时期公司所属的成员企业一直都承担着国家对外经济援助中的许多工程建设任务，建设重点是援非、援蒙。

第二阶段，1979～2000年的20多年时间，属于公司国际工程承包业务的发展探索阶段。在这段时间内，中国建筑的经营布局由外交布局逐步转向商业布局。公司境外业务在原有经济援助业务的基础上，迅速拓展到中东、北非、东南亚国家和我国港澳地区，并且开辟了美国、新加坡等发达经济体的业务。

第三阶段，2000～2013年的10多年时间，这是中国建筑有限公司境外业务区域化发展的经营时期。在这一阶段，中国建筑有限公司积极采取收缩策略，将公司优势资源集中投向北非、中东、东南亚、北美等几个产出较为稳定的地区。

第四阶段，2013年至今，是公司实施"大海外"战略的实施阶段。为了更好地响应国家"一带一路"倡议，抓住"一带一路"机遇，中国建筑有限公司举集团之力，重新调整境外布局，建设"大海外平台"，以更好巩固、加强和拓展境外业务，从而不断提升国际化水平，增强国际核心竞争力。

近几年，中国建筑的境外业务结构正在向基建和地产领域倾斜。上市以来，公司一直在推进经营结构调整，要把房建、基建、地产收入的占比从8∶1∶1调整到5∶3∶2，境外业务也做出同样的调整。中国建筑海外业务和境外融资平台的优势逐渐显现。在境外基建和地产业务方面，公司的基建业务已占境外合同额的40%。地产方面，公司已收购伦敦金融区甲级写字楼，在纽约、新泽西地区首先起步地产开发等业务。在境外融资方面，公司在我国香港地区已经有四家上市子公司，即中国海外发展、中国海外宏洋、中国建筑国际和远东环球。前两者主要从事房地产业务，后两者则专注于建筑领域。

2. 中国建筑收购美国 Plaza 建筑公司

2013年12月18日中国建筑全资子公司中国建筑美国有限公司（China Construction America Inc）与美国 PLAZA 建筑公司签署协议，公司出资4 440万美元（约折合人民币2.7亿元），收购美国 PLAZA 建筑公司92.5%的股权，并于同年3月下旬正式获得美国外国投资委员会（CFIUS）的批准。该收购是中国建筑在境外的第一单并购交易，将有利于集团扩大在发达国家的市场份额，增强企业的专业化与国际化竞争力。

中国建筑美国有限公司成立于1985年，总部位于新泽西市，经营地域集中在大纽约地区、南卡罗来纳州、华盛顿特区和加勒比地区，公司业务范围涉及建筑工程管理、工程总承包、项目管理、设计建造、项目融资和地产开发。早在2002年的《中建美国有限公司工作汇报》里，就已经提到"为更快开拓美国市场，建议集团收购一家营业额在1亿美元左右、员工30人左右的施工管理型公司"。

但是，中国建筑美国有限公司的并购之路却是非常艰难的，直到其发现了Plaza建筑公司。Plaza建筑公司成立于1986年，总部位于纽约曼哈顿，在2015年美国工程承包500强中排名第54位（与上年持平），营业收入11亿美元，占500强总收入的0.3%，主要从事建筑工程管理、工程总承包和工程咨询服务等业务。公司业务主要集中于纽约、迈阿密、洛杉矶和华盛顿特区，是美国知名的建筑管理和总承包商之一。Plaza在业务类型上，几乎是100%的私人业务，填补了公司在私人建造领域的空白。在业务区域上，公司战略锁定了美国五大都市圈，并且已经牢牢占据了其中的三个——大纽约华盛顿地区、以佛罗里达州为中心的东南地区和以加利福尼亚州为中心的西海岸地区。在协同效应、风险控制、管理团队认同和融合、并购整合等方面，完全满足目标条件和战略框架（袁宁，2014）。

此次并购对中国建筑美国有限公司来说收益显著，也为中国企业"走出去"提供了更加丰富的案例和经验借鉴。Plaza的业务类型和经营地域将对中国建筑美国有限公司的现有业务起到有力的互补作用，尤其对公司在私人建筑和地产领域的拓展给予有力的推动。中国建筑美国有限公司完成收购后在该榜单上的排名则从2014年的第82位跃升至2015年的第32位，营业收入19.9亿美元，其中的境外收入为7.6亿美元。伴随着美国建筑市场在全球范围的率先复苏，中国建筑美国有限公司有望获得更大的发展。现在的中国建筑美国有限公司已经积累了在发达国家运营和管理的丰富经验，建立起了全球范围内广泛的客户网络、资源和渠道，特别是在美国本土打造出一只超过600人，当地化率超过96%的国际化、专业化和属地化团队，这是中国建筑境外战略中一笔不可多得的财富。

8.3.2 中国化工集团收购美瑞士先正达（Syngenta）

1. 中国化工集团境外投资概况

中国化工集团公司（以下简称"中国化工"）是经国务院批准成立的中国最大的基础化学制造企业，于 2004 年 5 月 9 日在中国蓝星（集团）总公司、中国昊华化工（集团）总公司等原化工部直属企业的基础上，重组设立的中央直属企业。中国化工的股权 100% 由国务院国资委持有，并同时负责对其控制监管和经营。其业务结构包括化工新材料及特种化学品、基础化学品、石油加工、农用化学品、轮胎橡胶和化工装备 6 个主要业务板块。中国化工 2017 年在世界 500 强列 211 位，共有 16 万名员工，其中境外员工占 8.3 万人，在全球 150 个国家和地区拥有生产、研发基地，并有完善的营销网络体系。公司旗下有 6 家专业公司、4 家直管单位，92 家生产经营企业，控股 7 家 A 股上市公司，10 家境外企业，以及 26 个科研、设计院所，是国家创新型企业。截至 2016 年底，累计拥有有效专利 10 800 件，发明专利占比 76%。

中国化工自 2006 年开启境外并购的发展战略以来，先后收购了法国、英国、德国、意大利、以色列等国家 8 家行业领先企业，并购金额即使在全球并购榜上也可圈可点，被誉为中央企业"并购王"。中国化工集团高度重视国际化发展，认为走国际化道路才能保持创新与变革，且将与境外企业交流和融合视为中国化工集团管理的起点。在管理实践中，中国化工集团也不断尝试多种合作模式，不断扩大境外投资规模，拓展投资区域和领域。

被收购的目标企业，都体现出了老牌、先进、前位的特征，在各自的行业内都位居全球市场前列，所在国都是发达国家，经营历史过百年的就有 5 家，并且跨国公司占绝大多数，拥有的技术和资源都保持在世界先进水平。而经过这一系列成功的境外并购后，中国化工与国际化工巨头的差距快速缩小。2004~2017 年，中国化工的资产总额、营业收入和利润总额分别增长了 16.4 倍、19.7 倍和 10.8 倍。不仅有着经营业绩上的提升，中国化工还借此积累了十分丰富的境外并购和整合经验，为今后进一步的国际化经营打下了基础。

2006 年 1 月 17 日，中国化工旗下企业中国蓝星（集团）总公司成功收购全球第二大蛋氨酸生产企业——法国安迪苏公司 100% 的股权，成为迄今中资在法国工业领域的最大并购案。2006 年 4 月 3 日，中国化工收购澳大利亚最大的乙烯生产商和唯一的聚乙烯生产商——凯诺斯公司 100% 股权。2006 年 10 月 26 日，中国化工旗下企业中国蓝星（集团）总公司收购法国有机硅公司 100% 股权，成为全球第三大有机硅生产企业。2011 年 4 月 14 日，中国化工旗下企业中国蓝星（集团）股份有限公司对挪威埃肯（Elkem）公司的收购完成交割，进一步完善了蓝星硅产业链并拥有了世界先进的冶金法太阳能级多晶硅技术。2011 年 10 月 17 日，中国化工全资子公司中国化工农化总公司，成功收购全球第七大农药生产商——ADAMA 公司 60% 的股权，一跃成为世界第六大农药生产和经销商。

2. 中国化工集团收购瑞士先正达（Syngenta）

2017 年 6 月 8 日，中国化工集团公司宣布完成对瑞士先正达的交割，截至 2017 年 6 月 22 日，中国化工拥有先正达股份 97.9%，中国企业史上最大的境外并购交易自此达成。此并购消息引起瞩目，不仅因为其并购价格，更重要的是被收购方先正达公司是世界领先的农业科技巨头。2015 年数据显示其植保产品占据全球市场份额约 20%，位居第一；种子（包括转基因种子和传统种子）占据全球市场份额约 8%，位居第三。并购目标公司在全球农业科技领域的影响可以迅速加快中国农业可持续发展战略的推进。

先正达（Syngenta AG）是全球第一大农药、第三大种子农化高科技公司，有 259 年历史，总部设在瑞士巴塞尔，在瑞士、伦敦、纽约和斯德哥尔摩的证券交易所上市，截至 2016 年底资产总额为 190.68 亿美元，是全球最具价值的农化品牌之一。先正达以拥有强劲的研发能力而著称，公司与全球 400 多所大学、研究所和企业开展广泛的合作，拥有近 3 万名员工，其中有 20% 从事研究和开发工作，每年仅研发费用的投入就不低于 10 亿美元，约占销售收入的 10% 左右，是全球农业科技企业中的领跑者。先正达业务遍及全球 90 多个国家和地区，其强大的市场和技术实力在欧洲与亚洲尤其显著。其业务主要分为植物保护（农药）、种子以及草坪和园艺三个板块，2016 年销售收入达 127.90 亿美元，净利润 11.78 亿美元。其中，农药产品占据了全球市场份额的 20%，名列全球第一；高价值种子业务占全球市场份额的8%，排名第三。但受近年来市场不景气，以及气候、汇率等因素的影响，先正达销售业绩持续下滑，经营压力较大。

此次中国化工集团公司收购瑞士先正达，不仅可以进一步扩展市场规模，获得更多技术支持，同时也可以进一步整合资源优势。

首先，近年来农化行业发展呈现下行趋势，行业并购掀起浪潮，中国化工加入并购行列，可以进一步扩大市场规模，巩固行业地位。受近年来农产品价格持续低位徘徊、行业不景气的影响，农化行业在压力下开始了新一轮的整合。根据市场势力理论的观点，企业为提高市场地位和公司势力，将加快并购的步伐，减少企业总量，提高市场的垄断程度，以谋求更多的超额利润（Comanor，1967）。因此，化工行业的并购重组大战就此展开，先是杜邦与陶氏于2015年底宣布合并，形成了市值约1 300亿美元的美国农化巨头。之后孟山都收购先正达不成反被拜耳以660亿美元的价格收购，成为德国最大的境外并购项目。面对行业巨头纷纷合并的现状，中国化工把握机遇，在先正达最为艰难的时期提出收购意愿，以巩固行业地位、保持市场份额为由促成了交易的达成。通过对先正达的并购，中国化工扩大了公司的市场规模，能够在新的市场环境下维持相对的规模优势，保证了企业的竞争力。

其次，通过并购先正达，中国化工集团也将获得其先进的技术支持。中国企业长期存在技术薄弱的问题，但如果想加入到激烈的国际竞争中去，提高经济增长的可持续性和高附加性，中国企业必须要实现技术进步。为实现传统低附加值制造业的转型升级，众多中国企业选择以并购的方式取得国外的先进技术来弥补自身不足。先正达素以创新著称，在全球90多个国家和地区拥有数百个生产供应和研发基地，仅负责研究开发工作的员工就有5 000余人。先正达每年研发投入超过90亿元，占全年营业收入的十分之一，拥有专利超过10 000余件，旗下转基因种子数量在世界上首屈一指，是全球在农业投入品方面研发投入最大的公司之一，有着世界顶级的农药研发、种子培育技术。

最后，对于行业优势企业的并购，可以实现强强联合，更好地整合优势资源，发挥协同效应，获得更多发展动力。借助并购，企业可以扩大生产规模，实现规模经济效益，实现企业在行业中的优势地位，或是通过资源互补，发挥协同效应,提高企业总体竞争力。一方面,虽然中国农化和种子市场潜力被看好,但先正达的市场份额仅为 3% ~ 4% 左右,严重不及预期,而借助与中国化工的并购交易,先正达可以利用中国化工的渠道、客户等现成资源敲开中国甚至亚洲市场的大门,以更低的成本占领中国市场。另一方面,先正达与中国化工的现有板块也不构成实质上的竞争关系,而是能够成为中国化工的有益补充。中国化工不仅可以发展中国及周边亚洲市场,还可以借助先正达的力量,了解和满足北美、欧洲地区的农业、化工产品的需求,以扩展境外业务,协助实现企业国际化经营的发展战略(姜博文,2018)。

8.3.3 中粮集团收购荷兰尼德拉(Nidera)公司

1. 中粮集团"走出去"的经营理念与投资模式

中粮集团有限公司(COFCO,以下简称"中粮集团")是集贸易、加工、销售、研发于一体的投资控股公司。历经六十余年的发展,中粮集团在中国市场上占据了领先地位。中粮集团在 2017 年资产总额 5 444 亿元,年营业收入4 709亿元,年经营总量近 1.6 亿吨,全球仓储能力 3 100 万吨,年加工能力9 000万吨,年港口中转能力 6 500 万吨。

同时,中粮集团作为大型国有企业,也是中国农业企业"走出去"最早的企业之一。从 20 世纪 80 年代以来,中粮集团就开始谋求国际化发展战略,特别是在 2008 年国际金融危机之后,考虑到国际农产品市场的供需局面,加上国家政策的支持,加快了其国际化步伐。作为立足中国的国际大粮商,中粮集团是全球布局、全产业链、拥有最大市场和发展潜力的农业及粮油食品企业。目前,中粮集团的业务已经遍及全球 140 多个国家和地区,以粮、油、糖、棉为核心主业,覆盖稻谷、小麦、玉米、油脂油料、糖、棉花等农作物品种以及生物能源,同时也涉及食品、金融、地产等行业。

通过全球一体化网络布局,中粮集团将农产品源源不断地运往世界各地,在全球粮食产区与销区之间建立了完善的物流体系,致力于在全球范围内构建集收储、加工、物流、销售贸易、分销于一体的综合性全产业链企业。经营品类涵盖大豆、玉米、小麦、大麦、糖等,以整体协同优势实现企业高效运营和降低系统成本。中粮集团正在加快打造全球供应链与中国需求相结合的特有商业模式，依托中国和亚洲稳定增长的粮食消费需求，将全球供应链系统及粮源掌控能力与国内物流、加工、分销网络有机对接，以特有的竞争优势重塑全球粮食市场竞争格局，持续深化集团国际化经营探索，更好地履行国家粮食安全战略重要使命，并成为世界级一体化农业供应链企业。中粮集团拥有成熟的大宗农产品经营模式和较强的贸易、资产管理能力，资产布局深入南北美洲、欧洲和大洋洲等产区腹地，并在巴西桑托斯、阿根廷罗萨里奥、美国圣路易斯、罗马尼亚康斯坦察、澳大利亚肯布拉等全球重要粮食出口和内陆物流节点拥有中转基地。

中粮集团有限公司是世界500强企业，致力于打造从田间到餐桌的全产业链粮油食品企业，建设全服务链的城市综合体。利用不断再生的自然资源为人类提供营养健康的食品、高品质的生活空间及生活服务，贡献于民众生活的富足和社会的繁荣稳定。中粮集团下属品牌涉及农产品、食品及地产酒店等领域。2014年2月28日，中粮集团收购全球农产品及大宗商品贸易集团荷兰尼德拉（Nidera）公司51%的股权。这大大加快了中粮集团从我国粮食中央企业发展为全球粮油市场骨干力量的步伐。2014年4月，中国五矿集团公司还联合了MMG、国新国际投资有限公司和中信金属有限公司，共同组成联合体，以58.5亿美元收购嘉能可秘鲁邦巴斯项目。

从农业对外投资的模式选择来看，对于企业而言，与绿地投资模式相比，境外并购实施成本较低，且成功后影响较大，是实现企业国际化战略、提升国际竞争力最有效、最便捷的手段。绿地投资需要从零开始选址拿地、开工建设，熟悉境外的生产模式和管理政策，建立生产体系，培养境外管理团队。这种方式时间长、风险大、成本高、成功率低，而通过境外并购整合一家资源优良、品牌影响力大、研发能力强、购销渠道完整、管理团队经验丰富的优质企业就成为最佳选择，不仅可以跳过摸索试错阶段，也可以在更高层次上加速企业的国际化战略（陈瑞剑等，2017）。境外绿地投资往往周期长、风险大，这对于国有资本保值增值是不利的，也使得中粮集团在短期内难以实现其境外布局战略。综合这些因素考虑，中粮集团制定了境外并购优先发展的战略。2008～2016年，先后实施了10余起并购，特别是成功并购荷兰尼德拉公司和香港来宝农业公司，一举提升了中粮集团在全球粮商中的地位，并积累了丰富的经验，由此也给大型国有企业境外并购提供了可资借鉴的范本，为其打通国内外农业产业链的衔接奠定了基础（鲁锡杰，2018）。

由于中粮集团的国有企业性质及业务范围，如果直接在境外租赁土地进行初级农产品种植，可能会面临着东道国法律、政策等诸多的限制，更重要的是在农产品贸易方面还可能会面临反倾销调查的风险。

2. 中粮集团并购荷兰尼德拉（Nidera）公司

尼德拉农业是一家荷兰企业，它是一个传统的家族式农业贸易公司。它的主要粮油资产在阿根廷、巴西等地域都有涉及，在欧洲和美洲也有仓库的储存和物流设施，它的大规模业务要求有大量的资金。作为荷兰最为顶尖的农业企业，尼德拉公司的农产品贸易销售网络遍布全球 18 个国家和地区。

2013 年，尼德拉因为缺少发展资金，从而开始在全球范围内寻找投资人。2016 年 8 月，尼德拉农业由 Cygne 公司所持有的全部剩余股权被中粮集团所收购，中粮集团持有尼德拉农业全部的股权。2017 年 2 月，交易正式关闭。中粮集团有限公司获得了尼德拉农业的全部所有权。

通过此次并购，中粮集团进一步实现了全球产业链布局的发展战略，也获得了更大的经济利益。单个企业在进行跨国经营的时候，力量是很薄弱的。因此，完善企业的产业链，形成产业集群效应是很有必要的。中粮集团大部分是国内企业集群，这次并购尼德拉农业，中粮集团可以利用尼德拉农业的采购、运输、加工体系等，在全球范围内建立产业链，推进国际化进程。中粮集团对其成功并购之后，不但获得了稳定的原料供应，而且还获取了低成本的采购平台和丰富的销售网络。特别是通过尼德拉公司对罗马尼亚码头的收购，将尼德拉公司推上了荷兰最大粮食出口企业的宝座，进而极大地延伸了中粮集团在东欧、黑海地区的营销链。全球贸易流动的繁荣，是由全球人口及消费需求的增长和各种资源的不合理利用所带来的，而这其中，亚洲的经济增长又给消费增长带来很大动力，世界各国的农产品生产在不断扩大，国际贸易流动范围也在不断扩展。因此，中粮集团并购尼德拉农业之后，有利于国外市场的开发，获取更大的经济利益（张媛飞，2017）。

8.3.4　港中旅收购英国 Kew Green Hotels 集团

中国港中旅集团公司是香港中旅(集团)有限公司(以下简称"港中旅集团")的母公司,港中旅集团创立于1928年4月,是香港四大驻港中资企业之一。现已发展成为以旅游为主业,以实业投资(钢铁)、房地产、物流贸易为支柱产业的企业集团,是国务院国资委直接管理的国有企业。2015年8月,港中旅集团公司的全资子公司港中旅酒店有限公司以约4亿英镑收购英国大型酒店集团 Kew Green Hotels,获得在英国的44家酒店所有权以及其他11家酒店管理权。这是中国企业在英国酒店行业最大的收购项目。同时,此次并购为港中旅维景酒店在英国和欧洲的发展提供了平台和基础,也是继2014年成功接管西非最大的五星级酒店后又一次大规模的境外并购。2016年7月,报经国务院批准,中国国旅集团有限公司整体并入中国港中旅集团公司,成为其全资子公司,不再作为国资委监管企业。2016年8月,中国港中旅集团公司在"2016中国企业500强"中排名第376位。

Kew Green Hotels 创立于2001年,在2015年3月英国酒店运营排名中,Kew Green Hotels 在全英第三方酒店管理公司中排名第二,在英国国际酒店管理公司中排名第十,在英国运营着拥有自主产权的44家酒店(近5179套房间),包括 Holiday Inn、Holiday Inn Express、Crowne Plaza、Ramada 和 Marriott 等不同品牌的酒店资产,遍布英国近40个大中城市。该公司是 Holiday Inn 品牌酒店在欧洲最大的管理运营商。因其稳定的经济收益和良好发展势头,曾获巴克莱银行、劳埃德银行、高盛资本、德泰资本等资本投资。目前旗下品牌包括假日、假日快捷、皇冠、万怡,主要分布在英国的中部南部和东部地区,覆盖了包括伦敦、利兹、伯明翰、布莱顿等重要的商务、旅游和休闲观光城市。

港中旅集团副总经理、港中旅酒店有限公司董事长许慕韩(Jeremy Xu)表示,港中旅酒店公司此次收购英国优质的 Kew Green 酒店公司资产,是一次重大的战略突破,将为公司立足英国并向欧洲进一步扩展提供坚实的基础。英国经济发展稳定,旅游环境良好,消费结构合理,以英国为主的欧洲国家已成为全球客源目的地。港中旅维景酒店有限公司将充分发挥集团优势,携手旅行社资源，突出境外旅游目的地产品优势，推动港中旅集团"旅游主业"发展战略落地。

此次收购后，Kew Green Hotels 的高层管理人员已被保留，与现有特许经营合作伙伴的合作将继续，以保持其品牌和物业在英国和欧洲其他国家的持续发展。

8.3.5　中国石油化工集团收购瑞士 Addax 石油公司

1. 中国石油化工集团公司"走出去"的经营理念与投资模式

中国石油化工集团公司（以下简称"中石化"）是 1998 年 7 月在原中国石油化工总公司基础上重组成立的特大型石油石化企业集团，是国家独资设立的国有公司、国家授权投资的机构和国家控股公司。公司控股的中国石油化工股份有限公司先后于 2000 年 10 月和 2001 年 8 月在境外、境内发行 H 股和 A 股，并分别在香港、纽约、伦敦和上海上市。中国国际石油勘探开发有限公司成立于 2001 年，是中石化旗下专门从事境外投资的子公司。

中石化"走出去"的过程中，在境外油气勘探开发领域的业务主要有境外油气勘探开发、境外石油工程服务、境外炼化合资合作、境外炼化工程服务、国际贸易等多种发展方式。2009 年 7 月中国两大石油公司中海油和中石化近日宣布以 13 亿美元联合收购美国马拉松石油公司持有的安哥拉一石油区块 20%的权益。这笔交易是自中海油 185 亿美元竞购美国优尼科石油公司失败后，首次成功收购美国石油公司的资产。业内人士认为，两大石油公司共同出资进行境外收购，有利于中国公司在境外并购力量最大化，避免国内公司之间不必要的竞争，是中国石油公司"走出去"值得借鉴的模式。这也表明中国企业是与富可敌国的跨国公司抗衡的中流砥柱。而中国企业的联合收购，是一种新的"走出去"模式。同时，也使西方国家对中国企业的强大实力和独特行为方式加倍关注。

在境外油气勘探开发方面，2016 年，面对复杂的国际经营环境和严峻的安全形势，公司紧紧围绕"建设世界一流能源化工公司"的战略目标，发挥集团化、一体化优势，坚持引进来与走出去协调发展，积极稳妥发展国际化经营业务。坚持以经济效益为中心，实行油价与投资联动机制，更加注重内涵式发展。全年在埃及、阿根廷等国取得 13 项商业发现，探井商业成功率达 68.4%，新增 2P + 2C 储量 879 万吨油当量。伊朗雅达项目一期顺利达产，澳大利亚 APLNG 项目第二条线建成投产，全年权益油气产量 4 295 万吨油当量。深入开展降本增效、改革脱困，优化投资管理，强化风险防控，全年累计投资下降 46%，生产成本降低 22 亿元、下降 9.8%，销售桶油现金操作成本降低 1.38 美元，下降 10.1%。积极推进新项目收购，优化资产结构，伊朗、伊拉克新项目谈判取得进展，中标埃及 6 号、7 号勘探区块。妥善处置低效无效资产，提高抗风险能力。北海资产剥离增加现金流 6 607 万元。截至 2016 年底，公司在全球 26 个国家拥有 50 个油气勘探开发项目。

在境外炼化合资合作方面，积极稳妥地推进和发展境外炼化投资合作项目。一批已投资的境外炼化项目，如沙特延布炼厂项目、参股西布尔项目、阿联酋富查伊拉仓储项目、俄罗斯克拉斯诺亚尔斯克丁腈橡胶项目、新加坡润滑油脂项目、荷兰 VESTA 仓储项目等运营良好。2016 年 1 月 20 日，习近平主席与萨勒曼国王出席延布炼厂项目——中国"一带一路"建设的标志性项目的投产启动仪式。重点推进南非炼油及销售业务、博茨瓦纳润滑油业务的收购、伊朗天然气制甲醇项目、俄罗斯阿穆尔天然气化工项目的前期工作。同时，组织开展多项境外炼化仓储投资及并购项目的前期研究工作。截至 2016 年底，公司在全球 7 个国家拥有 6 个炼油化工、仓储物流项目。

在国际贸易方面，大力推行科学理性采购，强化市场分析，抓住市场有利时机，准确把握采购节奏，最大化降低原油采购成本，做大第三方贸易，努力保障国内原油供应。2016 年进口原油 20 639 万吨，增长 4.27%；完成第三方贸易原油 14 232 万吨，增长 14.82%。根据国内成品油市场平衡情况，充分发挥两种资源、两个市场优势，在保证国内成品油供应的基础上，合理安排成品油出口，全年出口成品油 1 919 万吨，增加 378 万吨。全年境外 LNG 进口 345 万吨，折合 47 亿立方米，增加 27 亿立方米，增长 133%。全年实现石化产品、设备材料等国际贸易额 15.32 亿美元，减少 27.1%；实现煤炭进口和第三方贸易 1.64 亿美元，增长 53%。扎实推进化工销售外贸业务发展，加强境外终端市场和终端客户开发力度，推进在自贸区设立子公司试点工作，全年进出口及第三方贸易量达 900 多万吨，增长 17%。外销高利润率催化剂品种显著增加，全年共出口催化剂 3 万吨。燃料油业务境外平台建设进一步加强，国际化经营能力进一步提升，全年实现境外经营量 1 157 万吨。

2. 中石化成功收购瑞士 Addax 石油公司

Addax 石油公司是一家跨国油气勘探开发公司，成立于 1994 年，在西非和中东拥有油气资源，是西非最大的独立油气开采商，并在多伦多和伦敦上市。Addax 的油气资产集中在尼日利亚、加蓬、喀麦隆和伊拉克库尔德地区，拥有 25 个勘探开发区块，其中勘探 15 个，开发 10 个；海上 17 个，陆上 8 个；已发现油气田 37 个，其中在产油田 19 个，未开发石油发现 11 个和天然气发现 7 个；油气资产组合良好。2008 年该公司实现总收入 37.62 亿美元，净利润 7.84 亿美元。公司经营活动现金流在每年 10 亿美元左右，2006~2008 年现金流分别为 10.85 亿美元、8.69 亿美元和 15.21 亿美元。按照加拿大证券委员会的储量计算规则，该公司的储量动用率只有 51.7%，具有良好的增产基础。另外，Addax 还拥有一部分权益储量，一旦具备开发条件，将会大大提高公司的价值（田力，2009）。

从 Addax 石油公司的发展情况来看，Addax 公司同意并购的原因主要是资金压力，同时优厚的协议也加速了此次并购进展。首先，资金压力是 Addax 同意并购的原因之一，Addax 受困于油价下跌和金融危机，现金流紧张，公司股东会支持收购行动。加上中石化给出的报价具有很强的竞争力，促进了本次收购的交易成功。其次，股东和高管获利颇丰。Addax 公司的最大股东 AOG 公司（AOG Holdings B. V.）和首席执行官吉恩·甘德尔分别与中石化签订了协议，同意出售其持有的全部股票。另外，Addax 董事和高管也同意出售各自的股票。因为这笔交易，吉恩·甘德尔的资产将猛涨 30 亿美元。最后，协议条款诱人，保留原有员工。如果并购在特殊情况下未能完成，Addax 将支付 3 亿加元的交易终止费。如果中石化未能在 2009 年 8 月 24 日之前取得中国政府的相关批准，将按照协议支付给 Addax 3 亿加元的"分手费"。中石化表示，收购完成后将继续保留 Addax 公司原有的管理团队和员工，减少了收购中的员工阻力。

2009 年 8 月 18 日，中国石油化工集团宣布以每股 52.8 加元的价格成功收购总部位于瑞士的 Addax 石油公司，此次交易总价为 83.2 亿加元，这是截至当时我国公司进行境外资产收购最大的一笔成功交易。原商务部国际贸易经济合作研究院海外投资研究中心主任指出，"中石化成功收购 Addax 石油公司，是中国石油公司目前完成的最大一笔海外油气资产收购，对于增强中国在国际石油市场的话语权具有重要意义。"①

不难看出，此次中石化并购 Addax 石油公司将会进一步促进中国能源的全球布局，也将促进企业战略转型。一方面，中国作为最大的发展中国家，能源需求巨大，特别是在中国重工业化和城镇化的变革中，能源需求矛盾日益显现。因此，中国能源布局全球实属必然。中石化和中石油两大石油巨头必须加紧布局中国能源全球战略。一旦收购 Addax，中石化在西非的油气资源版图将连成一片。在西非之外，收购 Addax 还可以帮助中石化成功进入位处中东的伊拉克库尔德地区。中石化表示，收购 Addax 有利于改善中石化集团的资源结构，进一步优化境外油气资产结构，实现境外油气勘探开发的跨越式发展，提高中国原油供应的安全性和稳定性。中国是世界上主要的石油消费国之一，也是石油消费和进口增长速度最快的国家之一。从 1993 年开始成为石油净进口国，2000 年原油进口量达到 7 000 多万吨，对外依存度达到 30% 左右，届时对进口石油的依存度将进一步提高。中国需要进入世界石油市场，在国际化的竞争中谋求国家的石油安全供给。收购 Addax 对于增强中国在国际石油市场的话语权具有重要意义（张君，2009）。

另一方面，这次收购是中石化从生产经营向资本经营迈出的一大步。收购成功后，对于中石化国际化管理以及资源整合都将是一个新的挑战。这要求中石化必须在国际化战略上作出新的调整，对资本、人力、物力的国际化管理以及风险防范上作出新的跨越。对此，中石化也称这笔收购是一次"转型收购"（张君，2009）。此次收购符合中国石化集团公司的战略目标，有利于增强公司在西非和伊拉克的实力，加快全球化发展步伐，优化海上油气资产结构。虽然中石化和中石油有"石化双雄"称号，但很多业内人士都习惯把中石油当

---

① 张君：《中石化创下中国公司海外收购最大单历史》，载于《中国经贸》，2009 年第 9 期，第 46~47 页。

成资源企业，而把中石化当成化工企业，因为中石化相比中石油拥有的油气资源实在太少。中石化主营业务收入中，炼油所占的比重远大于石油开采，其原油资源75%依赖于境外采购。随着国际油价日益走高，时常处于亏损状态的炼油业务成为中石化的一块心病。在国内投入巨资勘探新油田的进展不大，而胜利油田等老油田面临资源枯竭的时候，通过境外并购新的油田资源就成了中石化解决上游资源的短板以及亟须进行战略调整的必然选择。收购 Addax 石油公司将有利于中石化提高资源储备，增强石油开采业务在主营业务中的比重，也有利于增强中石化在境外市场的影响力，加快其全球化发展的步伐。

8.4　中国民营企业"走出去"典型案例

随着"一带一路"倡议的深入推进，民营企业在"走出去"的过程中，发挥着越来越重要的作用。根据全国工商联发布的民营企业500强研究报告的数据显示，2017年，500强民营企业中有274家参与了"一带一路"建设，实现境外收入（不含出口）7 900多亿美元。国家信息中心数据显示，2017年民营企业与"一带一路"相关国家的进出口总额达到6 000多亿美元，占与"一带一路"相关国家贸易总额的43%。

8.4.1　海尔并购美国通用家电

1. 海尔集团"走出去"的投资策略与合作模式

海尔集团（以下简称"海尔"）成立于20世纪80年代，1993年在上海证券交易所上市，是蜚声世界的中国家电品牌。通过自身持续耕耘，海尔集团先后收购重组日本三洋白电业务、通用电气家电业务（GEA）、新西兰家电品牌斐雪派克（FPA），如今旗下品牌涵盖智能家电、物联网和文化创意等多个领域。截至2018年，海尔集团在全球设有29个制造基地、108个制造工厂、8个综合研发中心、24个工业园以及19个境外贸易公司和66个营销中心，产品涵盖冰箱冷柜、洗衣机、热水器、空调、电视、厨电、智慧家电和定制产品

8 大品类①。

海尔集团是中国企业"走出去"过程中率先开启全球化布局的民营企业，早在 1998 年就开始实行国际化战略，在境外投资建厂并采用"三位一体"的本土化经营模式，即在当地设立设计中心、营销中心、制造中心。如在美国，海尔的营销中心设在纽约，设计中心设在洛杉矶，制造中心设在南卡罗来纳州（李雅萱，2008）。2006 年后，"创新驱动"型的海尔集团进入了全球化品牌战略阶段，致力于通过投资和产业布局在当地的国家形成自己的品牌。目前，海尔已经横跨亚洲、非洲、欧洲、北美洲和中东等地深化本土化战略，因地制宜，形成了具有特色的全球化战略布局和发展模式。海尔集团在"走出去"过程中通过对共建产业园、经济贸易区、搭建物流链等模式的探索，实现了终端服务能力的不断完善和提升，也实现了将基础建设红利向产品和服务的转化。

"一带一路"倡议的提出，给海尔集团等民营企业的全球化发展带来更加广阔的发展空间。目前，海尔集团业务覆盖俄罗斯、巴基斯坦、印度、哈萨克斯坦、马来西亚、新加坡、泰国、沙特阿拉伯、埃及、南非、法国、意大利、荷兰、英国等多个国家和地区，为全球用户提供智慧生活解决方案。例如，在巴基斯坦，海尔根据当地用户的使用习惯设计产品，其品牌知名度高达 99%。2014 年，海尔在巴基斯坦全年销售收入高达 2.3 亿美元，市场份额第二，其中空调、洗衣机均排名第一。再如，在欧洲，海尔先后建立了德国研发中心、意大利设计中心、法国营销中心，实现设计、制造和营销"三位一体"本土化模式，并采用缝隙化和差异化战略成功进入中高端市场。在泰国，海尔实现冰箱、冷柜和洗衣机等多家工厂的本地化生产，除满足泰国本土需求外，还出口到马来西亚、菲律宾等其他东南亚国家。因陆上丝绸之路经济带主要经过俄罗斯，2017 年 4 月，海尔俄罗斯冰箱制造基地在俄罗斯鞑靼斯坦共和国卡马河畔切尔尼市的"卡玛大师"工业园内正式运营。2018 年初，海尔还在俄罗斯新增一处海外研发中心——伏尔加河流域卡马河畔"卡玛大师"工业园，占地 24 100 平方米。在海上丝绸之路沿线，海尔 2011 年收购了三洋东南亚及日本共 5 个国家的白色家电业务，整合其优质资源，为东南亚地区的用户提供

---

① 海尔官网，https：//www. haier. com/cn/about_haier/。

本地化产品和服务。

在产品层面，海尔深入洞察欧洲用户需求，设计研发了意式三门冰箱、一米宽法式对开门冰箱等一系列高端家电产品；在渠道方面，海尔深化原有渠道合作，并积极拓展主流渠道业务的延展性。以海尔一款具有静音功能的高端大容量滚筒洗衣机为例，2009 年 11 月顺利进入德国最大的家电连锁渠道 MSH，随后带领其他海尔洗衣机产品在 MSH 渠道的营业额同比增长了 45%。目前为止，海尔产品销往欧洲 30 多个国家，进入了 KESA、Media Market、家乐福、Expert 等主流销售渠道和其他零售店。

在"一带一路"倡议的引导下，海尔正在联合产业链多方合作伙伴，借助互联网技术在"一带一路"沿线打造用户交互和产业互联的智慧生态圈。在印度，通过大量用户交互，将本地开发设计和制造融合，海尔印度的业绩增速高达 20% 左右，2014 年销售额达到 2 亿美元，如 BMR 冰箱、零水压洗衣机和一分钟制冷空调等多款产品一经推出，便受到众多用户一致认可。

当前信息技术的快速发展也成为海尔集团"走出去"的重要助力，推动海尔从硬件生产商和制造商向智慧生态圈缔造者转型。自 2012 年起，海尔在通过 Facebook、Youtube、Twitter、Google＋等社交媒体平台邀请用户参与产品设计、创意和传播，使用户成为产品的创造者、购买者和宣传大使，仅在欧洲五国，海尔 Facebook 忠实粉丝就已达 60 万。2014 年，海尔又将海尔论坛、海尔实验室、产品评价、在线销售等进行整合，让用户和海尔、用户和用户之间互联互通，用户可以推荐喜爱的产品或者直接一键购买。

在市场进入模式方面。首先，"先难后易"争国际市场。海尔的目标是"创世界品牌"，在海尔境外投资初期，海尔就把企业创牌的目标市场定位在欧美等具有国际竞争力的市场。坚持海尔品牌出口，从最难进入的地区打开市场，逐步培育国际知名度，然后运用品牌的影响力占领其他市场。产品进入选择上则采用"先易后难"的方式。首先，选择进入市场门槛较低，或是消费者最感兴趣但产品差异性供给不足的产品，再带动其他产品的市场进入（李冬冬，2008；吕聪等，2011）。其次，"先易后难"建全球工厂。在境外投资建厂的过程中，海尔首先选择地理位置邻近或风俗习惯相近的东南亚地区作为目标市场，再选择相对陌生，地理位置相距较远或风俗习惯差异较大的中东、北美地区作为目标市场（张昊，2017）。

在投资策略方面。一方面，投资产业多元化。海尔在 1992 年开始实施多元化战略，主业家电产业最先进行境外投资，继而从相关多元化到不相关多元化，从制造业向服务业发展，扩张纽带从类似的产业模式到服务品牌转变（张昊，2017）。另一方面，还有投资方式多样化的特点，从单一的自主式扩张到境外建厂与兼并收购并行（杨蔚，2010）。海尔认为，当产品在国外尚无市场时贸然进行投资是危险的。为规避投资风险应首先通过产品出口、售后服务，树立自己的市场品牌，使品牌出口达到在当地设厂的盈亏平衡点之后，再建工厂。根据"先有市场，后建工厂"的原则，海尔在展开全球化的"绿地投资"战略之前，首先用了 4~5 年的时间在境外建立了几十家贸易公司和数万个销售网点，累计投资超过 1 亿美元。此举不仅对其"绿地投资"起到了促进作用，而且大大减少了境外建厂的市场风险（李立等，2007）。在经历了约 10 年的自主式扩张阶段，品牌得到认可后海尔开始了兼并收购，并采取三个 1:3 战略开拓国际市场，即 1:3 国内生产、国内销售，1:3 国内生产、境外销售，1:3 境外生产、境外销售（关辉和谢颖，2006）。值得一提的是，海尔对国际投资过程中的收益、风险和产业布局有着清晰的顶层设计。如 2007 年前海尔不肯到日本和韩国建立自己的制造中心，有三个原因：一是海尔产品在日本和韩国所拿到的市场份额尚不足以支撑建厂；二是尚未找到破解日本根深蒂固的"年功序列"工资制度与海尔"彻底的成果主义"文化相冲突的办法；三是从全球战略来看，当时还不是当务之急（李立等，2007）。

从品牌国际化的角度，海尔实行的是单一自主品牌国际化模式（关辉和谢颖，2006），坚持在出口产品、境外生产和境外并购过程中使用自己的品牌。境外投资自主创立品牌的模式有其优点和制约条件，这种境外投资模式属于"厚积薄发"型，虽然开始阶段起步艰难面对的成败风险大，但一旦打造出世界上知名品牌，就能在国际投资和生产中处于产业链的高端，就能获得超额利润，就可以不再为国外跨国公司打工，从而为企业的国际化经营和长远发展打下坚实基础。境外投资不仅是海尔占领国际市场的手段，更是其创立世界名牌的有效途径。在境外并购业务中，海尔重点关注的是那些资产优质、拥有良好销售团队和销售渠道的企业，至于被购并企业的牌子响不响并不重要（李立等，2007）。

在投资战略方面，海尔坚持本土化为导向的全方位国际化。在境外投资过程中，海尔集团坚持以本土化为导向的全方位国际化，本土化导向体现在"三位一体"和"三融一创"这两个方面。其中，"三位一体"的本土化战略指研究开发本土化、产品制造本土化、营销本土化，贯穿于从产品设计、生产到企业运行管理和产品营销的各个环节，保证了海尔的全球化策略的全面性和有效性（杨蔚，2010）；"三融一创"的本土化战略指融资、融智、融文化，即利用当地资本和人力资源，注重文化融合，海尔借此为品牌国际化打下了坚实的基础（李冬冬，2008）。

2. 海尔并购美国通用家电

2016年1月15日，海尔公告显示，海尔拟通过现金方式购买通用家电，交易金额为54亿美元。此后，双方就交易金额进行了调整，最终金额定为55.8亿美元（约合人民币366亿元）。同年6月7日，海尔发表声明称二者已完成交割，通用家电正式成为海尔一员。

从此次并购的参与主体来看，海尔集团旗下有两大上市公司青岛海尔和海尔电器，参与此次并购的是由海尔集团控股41%的青岛海尔。美国通用电气公司（general electric company，GE），创立于1892年，是世界上最大的提供技术和服务业务的跨国公司。通用家电拥有120多年历史，具有很大的品牌影响力，销售范围覆盖了美国85%的区域。并购前通用电气正在转型，准备通过资产出售降低其金融板块的规模，将其业务向核心工业板块倾斜。通用电气的家电业务本身属于盈利状态，所以受到许多企业的青睐。

从此次并购的背景来看，2015年受世界经济深度调整、复苏乏力的影响，全球白色家电市场呈现下滑态势，欧洲、拉丁美洲等市场负增长；亚太市场整体持平；美国市场保持较快的增长。而中国经过30多年的快速发展，国内白色家电普及率已较高，行业进入平稳增长期。2015年受经济增长缓慢、房地产市场低迷等因素的影响，家电行业增长乏力。在短期增长乏力的情况下，企业增长更多的是通过抢占市场份额方式来实现。与海尔并称中国白色家电三巨头的格力和美的都在寻求更大的市场份额，因此海尔在国内的规模和消费市场都很难进一步的扩大。占领北美市场是海尔扩张境外市场的关键一步，但由于其品牌知名度、产品质量和研发技术水平不高，所以海尔在北美市场的占有率很低（胡凯和刘茜，2018）。

海尔的并购动机可以概括为三个方面：

第一，获取通用的市场份额。海尔虽然是世界家电第一品牌，但在北美市场主要销售产品为缝隙产品，主流产品如冰箱、洗衣机的销售量较低，总体市场占有率并不高。所以仅仅依靠海尔独家力量，很难进入这样一个成熟市场并树立自己的品牌。并且惠而浦、伊莱克斯、三星等家电品牌长期占据北美中高档市场，这也成为海尔很难攻克的领地。通用家电在美国市场属于主流一线，具有优秀的品牌资源，其生产的冰箱、洗衣机等品类仅次于惠而浦，在北美拥有忠诚的客户群，市场地位和品牌知名度较高。通过收购通用家电，海尔可以迅速占领北美市场，提高中国品牌在美国的市场占有率（胡凯和刘茜，2018）。

第二，完善海尔全球化布局。海尔一直以来目标是成为全球家电行业领导者，并购是达成全球化目标的捷径。海尔2011年取得日本三洋旗下的白色家电业务品牌AQUA，大举进入曾经领导全球的日本家电业；2012年取得新西兰最大的家电制造商斐雪派克的品牌，目光瞄准澳大利亚和新西兰市场。通过此次并购，海尔能够了解国外家电行业所处的市场环境、法律环境、经营环境、政治环境、消费者需求等，进一步充实跨国并购经验，掌握跨国企业管理经验，从而在美国市场、加拿大市场乃至拉丁美洲市场大有作为，提升品牌溢价能力，实现"中国品牌"向"国际品牌"的跨越（王志强，2018）。

第三，提升自身品牌形象。尽管海尔在技术和产品上有了长足的进步，但很多国外消费者对海尔的印象还停留在廉价、标准化的层面上。中国企业的品牌溢价普遍较低，即使是海尔这种优秀的品牌也不能幸免，收购国外同行业领先企业是海尔提高品牌溢价的有效方法。一方面，海尔可以借助通用家电先进技术、管理经验等提升自身的产品水平；另一方面，青岛海尔可以通过并购通用家电，凭借其销售渠道、销售方法、品牌影响力，提升自身在美国、加拿大、拉丁美洲乃至全球的市场份额和品牌影响力（王志强，2018）。

第四，获取优质技术、人才等资源。通用家电在全球有着 4 个研发中心，分别位于美国、中国、韩国、印度，有着 600 多人的研发团队，这些人平均从业超过 20 年，有着丰富的研发经验。并购发生时通用有专利 1 000 多项，正在申请的专利 1 000 多项，这些专利涵盖厨卫、冰箱、洗衣机等业务领域。专业的技术和人才优势是通用家电吸引海尔并购的重要原因（王志强，2018）。

海尔此次并购的成功源于其长期以来清晰的全球化战略，以及与通用持续 8 年保持着良好的信息沟通。总体来看，此次并购的成功经验可以概括为两个方面：

一方面，精准对接协同发展理念，系统运用一系列双赢策略，在竞争性并购中实现目标。海尔在境外并购中所持的"轻度整合"方针，精准对接了协同发展和双赢策略。此次海尔收购的"轻度整合"策略包括五个方面：一是确保被并购方管理层充分参与；二是确保对并购方品牌价值的充分保护和升值；三是坚持并购后的本土化和独立运营，并对关键能力的培训提供充分支持；四是保留现有的组织架构和高管薪酬；五是通过内部员工沟通和融合实现最大程度上的文化融合。海尔在长期境外并购实践中所创新的"轻度整合"策略充分尊重了并购对象优质资产的全部价值，以延续原有组织文化与技术创新为根本目的，积极发挥被并购企业的资源优势，保障优良资产的独立发展，对此次并购成功起到了关键性的作用（胡凯和刘茜，2018）。

另一方面，并购时机的把握和稳健的融资安排，可以极大地消除并购中的不确定性风险。通用的家电规模太小，基本只在美国本土占大概 15% 的市场份额，不及惠而浦、伊莱克斯两家家电巨头。而通用的家电业务远没有他其他业务回报率高。家电利润低，要提高回报必须加大规模，精简固定资产成本。销售区域的局限性使通用家电面临品牌优势不突出、销售业绩不佳的困境，尤其在 2008 年金融危机爆发的双重影响之下，其销售业绩也一直徘徊不前。此次并购中，通用董事长兼 CEO 杰夫·伊梅尔特非常重视竞标方能否在最短时间内结束交易。通用很多应收账款均为临时调动，而海尔供应链金融独具优势，能够与之有效互补。交易完成后海尔快速帮助通用完善了财务系统，配备通用北美现金池，稳健的融资安排，极大降低了其财务风险预期（胡凯和刘茜，2018）。

8.4.2　华为并购 Symantec（赛门铁克）

1. 华为技术有限公司"走出去"的投资策略与合作模式

华为技术有限公司（以下简称"华为"）也是中国民营企业"走出去"在境外进行直接投资的代表。成立于 1987 年的华为，最初是一家生产用户交换机（PBX）的香港公司的销售代理，如今已经成为全球第二大通信供应商和全球第三大智能手机厂商，也是全球领先的信息与通信解决方案供应商。

华为的国际化路径基本上延续了它在中国市场所采用的"农村包围城市"、先易后难的策略。这种方式使华为在竞争十分激烈的电信行业中，在实力变强前避免与发达国家同类企业进行正面对抗，厚积薄发，慢慢占领市场（王梓和陈鸿佳，2015）。从俄罗斯、非洲、东南亚，到中东，到欧洲，再到北美、日本市场，华为构建了一个全球性的市场网络与研发平台。华为从 1997 年 8 月起开拓拉丁美洲国家市场，先后在巴西、厄瓜多尔等 9 个拉丁美洲国家设立了 13 个代表处，成功进入孟加拉国、巴基斯坦和印度等市场。基于国际化程度的不断加深，在发展中国家拥有稳定的市场份额，华为再次调整战略规划，确定接下来对外投资地区主要集中在欧洲，2000 年在瑞典首都斯德哥尔摩设立研发中心，同年境外市场销售额达 1 亿美元。随后，华为在"走出去"过程中实现了快速发展，2004 年与西门子合作成立合资公司，开发 TD－SCDMA 解决方案。获得荷兰运营商 Telfort 价值超过 2 500 万美元的合同，首次实现在欧洲的重大突破。2005 年，境外合同销售额首次超过国内合同销售额。2008 年，被商业周刊评为全球十大最有影响力的公司之一。2011 年之后，华为的对外投资进入全面突破阶段。2011 年华为投资设立了 20 个云计算数据中心，并且收购了与赛门铁克合资成立的公司华赛，提高了公司端到端的 ICT 解决方案能力。2012 年，华为持续推进全球本地化经营，加强了在欧洲的投资，重点加大了对英国的投资，在芬兰新建研发中心，并在法国和英国成立了本地董事会和咨询委员会。华为手机在 2016 年实现了 1.39 亿台的发货量，全球智能手机市场份额提升至 11.9%，世界排名前三（刘昕界，2018）。

从"走出去"的产业选择来看，华为境外投资的产业选择和投资领域也不断调整和变化。从最初的智能手机销售商，不断拓宽业务范围和领域，同时也建立了完善的研发体系和分支机构。华为境外子公司的主要业务是通信产品的开发、销售及相关服务，融资及资金管理和技术研发等。同时，华为与境外相关企业展开了多个领域的合作项目，包括金融领域、交通领域、能源领域、教育领域、互联网领域等。在运营商业务方面，华为联合沃达丰、西班牙电信、德国电信、中国联通等领先运营商广泛开展业务。在企业业务方面，华为聚焦 ICT 基础设施，与合作伙伴一起助力客户进行行业数字化转型，实现在公共安全与政务、金融、能源等重点行业持续有效增长（田学豪，2017）。经过多年布局，华为"构建万物互联的智能世界"的愿景慢慢实现。如 2016 年，华为支持全球 170 多个国家和地区的 1 500 多张网络的稳定运行，服务全球 1/3 以上的人口。华为联合 500 多家合作伙伴为全球 130 多个国家和地区的客户提供云计算解决方案，共部署了超过 200 万台虚拟机和 420 个云数据中心。2017 年华为宣布将在未来三年投资 10 亿元人民币大力推进境外公有云服务。再如，华为智慧城市解决方案已应用于全球 40 多个国家的 100 多个城市，华为还主笔了 9 项智慧城市中国国家标准，其平安城市解决方案已服务于 80 多个国家和地区的 200 多个城市，覆盖 8 亿多人口。如在印度开设 OpenLab，专注推动智能城市创新，包括物联网（IoT）、智能电杆、智能建筑、智能校园、智能交通、智能视频监控解决方案以及融合指挥控制解决方案①。

华为境外发展的关键在于培育核心竞争力（赵杰，2014）。为持续提升以客户需求为定位的创新能力，华为践行境外研发投资模式（卢进勇和闫实强，2005），走"自主核心技术路线"，长期坚持不少于销售收入 10% 的研发投入（王梓和陈鸿佳，2015）。华为目前在 49 个东道国设有境外分支机构，有 17 个是其境外研发机构的东道国。与其营销国际化的"农村包围城市"的路线不同，华为的研发全球化路线是一条"城市"（发达国家）到"农村"（发展中国家）的道路。华为以技术资源优势的发达国家为开路"先锋"和"活跃分子"，以获取技术优势资源为前进驱动，同时也在其研发网络中带动加入小比例的不具备技术资源优势（但具备市场价值）的发展中国家（柳卸林等，2017）。

---

① 《华为技术》，第 79 期。

在投资方式方面，出于以下原因华为主要进行绿地投资或合资。首先，通信行业涉及国家安全，属于政府的敏感行业，通过政府审查的难度大；其次，华为特殊的公司治理机制为华为的国际投资增加了难度（王志超，2014）；最后，华为坚持不上市，从而使华为公布的财务报表受到怀疑，被认为缺乏透明性（杨勃，2013）。

在跨国经营方面，华为始终与时俱进地进行调整，使管理体制更为国际化。如1997年部署了遍及世界各地的办事处和电子管理系统，1999年将分散的 IT 治理转变为集中统一模式，2003年向产品线事业部制转型，2008年后将全球覆盖的信息化系统进行了二次战略升级，把信息化重新定义为全球化，即国际化经营中最看重的全球覆盖下的本土化经营管理。多年来，华为管理模式的改变使得华为在国际化的平台上站稳了脚跟，具备了客户群体差异化的竞争优势，确立了开发流程和供应链流程以及以时效性为主导的先进管理体系（柴锐，2017）。

华为近几年的并购情况部分展示如表 8 - 2 所示。

表 8 - 2　　　　　　　　　　华为部分并购详情

时间	并购对象	并购股份	目标国家	获得战略资产
2011 年 11 月	Symantec	100%	美国	网络安全、存储和系统管理技术
2012 年 1 月	英国光电子研发中心	100%	英国	光通信技术研发能力和 CIP 位于英国的研发团队
2013 年 8 月	Caliopa 硅光子公司	100%	比利时	硅光子光学仪器研发技术与欧洲研发团队
2013 年 12 月	Fastwire 公司	100%	澳大利亚	运营支持系统的研发技术与团队
2014 年 6 月	Neul 公司	100%	英国	物联网市场准入
2015 年 10 月	Option 旗下 M4S 公司	100%	比利时	移动宽带的研发技术与团队
2016 年 12 月	HexaTier	未知	以色列	数据库安全技术

资料来源：笔者根据刘昕界（2018）和相关数据整理所得。

2. 华为并购赛门铁克（Symantec）

华为和赛门铁克公司（以下简称"赛门铁克"）2011年宣布并购，华为以 5.3 亿美元收购赛门铁克持有的华为赛门铁克科技有限公司（以下简称"华赛"）49% 的股权。交易完成后，华为完全持有华赛 100% 股权。

赛门铁克公司是安全、存储与系统管理解决方案供应商。华赛是华为和赛门铁克 2008 年在香港成立的一家合资公司，该合资公司向客户提供创新的安全、存储与系统管理解决方案，与华为产品线形成互补。

从并购动机来看，华为希望借此次并购实现产品和销售的互补，进一步完善企业业务布局。华为企业 BG 是面向客户群的经营实体，此次并购有助于产品方案的整合和竞争力的提升。如对云计算建设而言，存储很重要，也涉及安全问题，华赛在安全上拥有深厚的技术积累。华为以前的存储是合作形式，并购之后拥有了百分之百股权的成熟产品，有助于方案整合和研发资源的整合。从销售层面看，此次收购也实现了市场互补。华赛已经在国内进行了大范围渠道建设，在重点的行业客户上实现了突破。很多行业客户用华赛的安全方案，这部分的客户自然也就成为华为企业 BG 的客户（黄海峰，2011）。

华为企业业务群组是华为四大业务群组之一，也是华为非常看重并认为业务潜力巨大的业务群组，并购华赛使得华为企业业务的能力也得到重要补充。并购发生时华为的企业业务已经形成了企业数通产品线、UC&C 产品线、IT 产品线和垂直行业解决方案及技术服务部等五个业务单元。

8.4.3 联想并购 IBM

1. 联想集团"走出去"的投资策略与合作模式

联想集团（以下简称"联想"）于 1984 年在中国北京成立。公司从一个 20 万元投入的小公司，逐步成长为世界范围内的一线 PC 生产商。2014~2015 年，联想集团的收入中，境外市场创收占据近 70%，成为在全球具有竞争力和影响力的跨国公司（柴锐，2017）。联想在中国民营企业"走出去"过程中是一个较为成功的案例。在全球 PC 市场上，联想集团于 2004 年收购 IBM 的 PC 业务后，一跃排名到全球第三位，开启了全球个人电脑产业的新纪元。联想的快速发展也得到了市场的充分认可，2008 年美国《财富》杂志评选的全球 500 强企业中，联想集团成为进入榜单的首家来自充分竞争领域的中国民营企业。国际 PC 市场上，人们对联想品牌的好感越来越强，越来越多的消费者对联想产品给予了高度认可。

在市场进入方式方面，联想集团采取设立境外办事处和驻外机构、收购兼并两种方式。首先，联想的国际化之路倡导贸易优先，重视产品的销售过程，采用设立办事处的方法，构建新的销售体系进入当地市场。截至 2016 年，联想集团已在全球约 60 个国家创建了分支机构，拥有全球 160 个国家的销售网络（柴锐，2017）。其次，联想集团也通过收购兼并的方式实现了市场扩张的目标。联想在进军境外市场的初期，不具备综合优势，倾向于选择合资方式，如 1988 年成立的香港联想公司由 3 家各有优势的公司合资而成。在积累了海外投资的经验，拥有技术上绝对优势后，联想以独资形式进入欧美市场。既保障了先进技术不会迅速扩散，又使企业获得了超额利润（贾震奇，2003）。之后联想注重以并购的方式进入并占领当地市场，抢夺市场份额。"大举并购，扩充市场"，对其他企业或业务环节的收购，掌握相应的国际市场份额，从而实现联想规模扩张市场的目标。利用并购和 IBM 结成战略联盟，使联想品牌享誉全球、获得全球顾客、得到更多的收益、获得完善的运行模式与领先的技术。而且通过并购的投资方式，联想有效扩大了国际市场份额。如在 2011 年 7 月 4 日，联想发布公告宣布并购 NEC 笔记本电脑业务，至此联想在日本笔记本市场占有率达到 26%；到 2017 年 11 月 2 日联想花费 225 亿日元收购了日本富士通全资附属公司富士通客户端计算设备有限公司（FCCL）51% 的股权，将联想在日本笔记本市场份额提升到 40%。

从"走出去"过程中的产业选择来看，联想集团在不断巩固主营业务的同时，也通过收购 Medion、收购摩托罗拉手机业务、投资卢森堡国际银行股权和进军农业等方式积极推动多元化投资战略。

2011 年 6 月 1 日联想集团宣布将以每股 13 欧元的价格收购德国电子厂 Medion 36.66% 的股份，交易总价格达到 2.31 亿欧元（约合 3.4 亿美元）。交易完成后，联想在德国的市场份额将扩大一倍，成为第三大厂商。德国是欧洲最大个人电脑市场。Medion AG 是一家德国电子厂商，业务涉及欧洲、亚太地区和美国。公司主要产品是电脑和笔记本，也有电视机、冰箱、吐司机和健身器材。交易完成后，双方公司预期现有的所有运营业务，包括客户服务、产品交付以及保修服务，将会照常进行。Medion 和联想集团将继续保留各自的产品品牌，并通过各自相应的现有渠道进行销售和提供支持。联想集团表示，双方在德国 PC 市场的总份额将超过 14%，排名第三，在西欧 PC 电脑市场份额将达到约 7.5%。该收购将推动联想集团在消费电脑业务以及高增长的移动互联网领域的业务拓展。

收购摩托罗拉：2014 年 10 月 30 日，联想宣布以 29 亿美元左右的价格购买谷歌的摩托罗拉移动智能手机业务，并将全面接管摩托罗拉移动的产品规划。联想期望以此进入竞争激烈的欧美市场。2013 年 11 月，Gartner 和 IDC 相继发布报告称，2013 年全球智能手机出货量超过 10 亿部。

进军农业：2010 年联想控股开始进军农业，这也是"联想"的品牌第一次和农业产业联系在一起，这也注定了联想佳沃有着 IT 企业的基因以及由此遗传而来的风格。为了节省时间，联想主要以并购为主，先后并购了青岛沃林蓝莓果业有限公司，这是中国最大的蓝莓全产业链企业；随后又并购了四川中新农业科技有限公司，其拥有独立知识产权的猕猴桃品种。

2. 联想并购 IBM

2004 年 12 月 8 日，联想集团斥资 12.5 亿美元收购了美国国际商用机器有限公司（IBM）个人电脑业务，涉及研发、采购、生产和销售等多个部门，并接手了 IBM PC 业务部分 5 亿美元的债务。这次收购的总资产是联想的 4 倍，包括 IBM 的美国总部、设立在日本和美国的研发中心、分布在世界各地的 100 多个分支机构以及 10 000 多名员工。联想的全球市场份额也由此达到 7.8% 左右。收购完成后，占全球 PC 市场份额第八位的联想一跃升至第三位，仅次于惠普和戴尔，成为全球第三大 PC 供应商。同时，联想获得了享誉世界的 ThinkPad、ThinkCenter 品牌的收购许可以及 5 年的 IBM 品牌使用权。联想集团因此制定了品牌过渡管理战略，即在并购后的最近 18 个月内，联想集团可以继续使用 IBM 品牌；18 个月后采用 IBM 和联想的双品牌；5 年后，再打联想的品牌。这一战略的实施能借助 IBM 的品牌价值，提升联想的品牌知名度（周伟，2006）。

IBM 的全称是美国国际商用机器有限公司，于 1914 年创建于美国，是世界上最大的 IT 跨国企业，并购发生时拥有全球雇员 30 多万人，业务遍及 160 多个国家和地区。1981 年，IBM 开创了个人电脑市场，并成为行业领头羊。但随着戴尔和惠普的崛起，IBM 电脑 PC 销售额不断下滑，连年亏损。IBM 的个人电脑业务约占其总销售额的 10%，但利润非常有限。IBM 在 2004 年的头两个季度里，个人电脑业务部门亏损 1.4 亿美元，而且这种亏损状况已经持续三年半（邱镛妃，2006）。

首先，联想集团收购 IBM 的投资动机体现在希望借此获取更大市场份额，形成规模效应。21 世纪初，个人电脑业务逐渐趋于稳定，行业利润有所下降。当时联想主攻的是中低端市场，缺乏品牌优势，在激烈的价格竞争环境下，联想 PC 业务的盈利能力不断降低，市场份额也越来越少。与此同时，IBM 公司具有庞大的境外市场，以并购双方 2003 年的销售业绩合并计算，并购意味着联想的 PC 出货量达到了 1 190 万台，销售额达到 120 亿美元（周伟，2006）。联想将并购 IBM 作为总体战略路径，通过利用 IBM 在 PC 产品方面的技术、科研与品牌优势，以及 IBM 的渠道、销售力量、全球客户服务的资源等，弥补联想国外市场和高端市场的欠缺，以更大的企业规模获得规模经济效益（张笑川，2017）。

其次，联想集团也希望进一步获取更多的战略资产。联想并购 IBM 的 PC 业务之后，所获得的资产包括笔记本电脑和 PC 机，还包括与此相关的研发、制造、销售网络和服务中心。换言之，联想所支付的 12.5 亿美元不仅包括对有形资产的支付，还包括对 IBM 品牌无形资产的支付。截至 2000 年 IBM 公司在全世界拥有近 34 000 项专利，其中在美国有 19 000 项，还是拥有欧洲专利最多的非欧洲企业之一，以及拥有日本专利最多的非日本企业之一（齐欣，2004）。IBM 全部知识产权在 2000 年至少创造了 10 亿多美元的使用权收入（周伟，2006）。并购完成后，联想成为继戴尔和惠普之后的第三大 PC 厂商。

最后，通过收购 IBM 的 PC 业务，可以在管理、运营和品牌等方面实现更多协同效应，这也是此次收购活动的重要动机之一。在寻求管理协同性方面，联想并购 IBM 更多地表现为获取市场协同和销售渠道协同。市场协同是指 IBM 产品线的高端与联想产品线的中低端的互补性，可以实现 PC 机从高端到低端的产业链整合。IBM 的大企业用户销售渠道和联想的消费客户分销渠道，也存在互补性，形成了销售渠道协同（吴敏华，2008）。在寻求运营协同性方面，联想的收购意图是最显而易见的，即为了与 IBM 实现采购优势互补，IBM 1 000 多万台的销量和联想 40 多万台的销量加在一起，采购上有很大的优势。此外，运营的协同性还表现在运营成本的降低。IBM 的 PC 业务中，24% 的毛利率还没有盈利的原因在于缺乏成本控制和与总部的费用分摊，而成本控制正是联想的优势所在。通过联想的并购，IBM PC 过去承担的体系性成本也可以消除（吴敏华，2008）。同时，通过此次并购，联想还将提升品牌协同性。毋庸置疑，IBM 是全球顶级品牌，而联想是中国第一 PC 品牌，在中国有很高的知名度，因此二者的融合与协同必然产生巨大的品牌效应（邱镛妃，2006）。

　　总结此次并购策略方面的经验，联想集团通过境外并购融资的关键在于其依托在香港的上市地位，借助香港的融资平台，通过国际银团贷款和私募筹集交易资金，并且巧妙运用了股票支付方式，减少了交易现金的支付。这次收购具体的资金支付是价值 6 亿美元的股票和 6.5 亿美元现金，锁定期为三年，同时承担 5 亿美元的债务。联想集团当时处于一个高速成长时期，现金相对短缺。企业所在行业的发展要求企业进行快速的规模扩大，行业集中度不断提高。但在这种背景下，联想集团尽管自身积累不够，仍想办法进行外部融资并购。联想的支付方式采取了国际跨国并购通行的"股票和现金"方式，使收购后新联想的资产负债率只有 27%（邱镛妃，2006）。由于并购后 IBM 持有18.9% 的股份而成为联想战略投资者，提高了联想的融资信用等级，也从一定程度上缓解了联想维持业务面临的压力。联想选择"现金股票"的收购方式，除了有现金流和持股比例的考虑外，还出于合理避税的考虑。6.5 亿美元是一个避税节点，选择这种组合为联想节省了不少税费支出（刘坪，2014）。

　　同时，此次并购在进入方式上也取得了良好的效果，不仅获取了新的业务增长点，也通过并购建立了与 IBM 的长期战略合作关系。基于产品生命周期阶段的角度，收购期间 PC 在欧美等发达国家虽然已进入成熟期，但是在新兴市场则仍然处于成长期，笔记本电脑从全球范围来看处于一个上升期。所以，产品生命周期阶段与联想的并购进入是匹配的。同时，PC 作为硬件，技术已经非常成熟，根据组织能力的观点，这与并购进入方式也是匹配的（吴敏华，2008）。此外，联想和 IBM 之间不仅仅是并购与被并购的关系，双方也建立了长期的战略合作伙伴关系。依据双方签订的协议，一来 IBM 变成联想 PC 最大的用户，二来联想也承诺在财务与 IT 服务上首选 IBM。所以，这次并购在本质上是中美 IT 企业建立战略合作伙伴关系。

8.4.4　阿里巴巴并购 LAZADA

1. 阿里巴巴"走出去"的投资策略与经营模式

阿里巴巴网络技术有限公司（以下简称"阿里巴巴集团"）在 1999 年成立于中国杭州市，一直以"让天下没有难做的生意"为口号。阿里巴巴集团主要通过旗下三个交易市场协助世界各地数以百万计的买家和供应商从事网上生意，即集中服务全球进出口商的国际交易市场的国际站；集中国内贸易的中国交易市场中文站；以及在国际交易市场上的全球批发交易平台—速卖通，为规模较小、需要小批量货物快速付运的买家提供服务。所有交易市场形成一个拥有来自 240 多个国家和地区接近 6 900 万名注册用户的网上社区。随着不断扩大业务版图，阿里巴巴集团如今已成为一个以为电子商务企业提供平台服务为主营业务的电子商务服务商，其业务涵盖了互联网零售与大宗交易、云计算、技术服务和咨询服务等。旗下九大品牌分别为淘宝网、天猫、全球速卖通、阿里巴巴集团国际交易市场、1688、阿里妈妈、阿里云以及蚂蚁金融服务集团①。

阿里巴巴集团成立以来，坚持以投资布局境外版图。为了转型成为可让小企业更易建立和管理网上业务的综合平台，阿里巴巴集团也直接或通过其收购的公司包括中国万网及一达通，向国内贸易商提供多元化的商务管理软件、互联网基础设施服务及出口相关服务，并设有企业管理专才及电子商务专才培训服务。阿里巴巴集团亦拥有 Vendio 及 Auctiva，这两家公司为领先的第三方电子商务解决方案供应商，主要服务网上商家。阿里巴巴集团在大中华地区、印度、日本、韩国、美国和欧洲等地共设有 70 多个办事处。自 2010 年以来阿里巴巴集团深入推进境外并购，先后投资叫车应用 Lyft、移动应用搜索引擎 Quixey、重度移动游戏厂商 Kabam 等初创公司及高端奢侈品网站 1stDibs、体育

---

① 阿里巴巴集团官网，业务范畴，https：//www.alibabagroup.com/cn/about/businesses。

用品网站 Fanatics 等物流和在线网站。2014 年 9 月阿里巴巴集团在纽交所募集高达 250.2 亿美元，超越 VISA 成为美国市场上有史以来规模最大的 IPO 交易，将为新一轮的境外投资提供有力资金支持。2015 年 3 月，阿里云计算美国硅谷数据中心投入运营，这是阿里云首个国外数据中心。云计算致力于企业服务，对大量数据深度整理分析，信息由集团各子公司共享（黎梦华，2015）。在本地生活领域，阿里巴巴集团及蚂蚁金融服务集团合资成立了中国本地生活服务平台公司口碑，致力于打造一站式消费。2016 年，阿里巴巴集团中国零售交易市场的交易总额超过人民币 3 万亿元，集团随后成为全球最大的零售体。2016 年 4 月阿里巴巴集团签署协议认购东南亚领先的电商平台 Lazada 的控股股权，将阿里巴巴集团平台上的商家导入东南亚消费市场。同年 11 月阿里云宣布在中东（迪拜）、欧洲（法兰克福）、澳大利亚（悉尼）和日本（东京）开设四个全新的数据中心。2017 年 3 月阿里巴巴集团宣布将与马来西亚数字经济发展局成立 eWTP 项目的首个境外 e－hub。同年 6 月，阿里巴巴集团将其对 Lazada Group 的持股比例由 51% 提升至约 83%。同年 10 月，阿里云于马来西亚设立数据中心。同年 11 月，阿里巴巴集团 eWTP 首个境外 e－hub 在马来西亚正式启动①。

阿里巴巴集团在"走出去"的过程中，其境外投资表现出以下特点：

第一，投资行业广泛。阿里巴巴集团意图通过丰富电商、大数据及金融领域的核心业务，形成覆盖电商、社交、文娱、医疗、旅游、物流、金融和 O2O 等服务的商业闭环。阿里巴巴集团境外投资的思路是非常清晰的，一方面，押注有潜力的移动互联网公司，侧重通信应用、内容分享和线上线下生活，希望抓住下一个爆发的移动应用，并在其从全球到亚洲的扩张过程中发挥重要的作用。如投资搜索引擎、打车软件、移动社交软件、手机遥控器与电视内容分享应用、游戏厂商等。另一方面，投资电商领域，偏重物流领域，寄希望间接将美国零售商引入中国、在全球范围内建立自己的物流能力。投资的物流公司如新加坡邮政、澳洲邮政、巴西邮政，购物网站如高端奢侈品网站 1stDibs 和体育用品网站 Fanatics。

第二，投资区域主要集中于美国和印度。2013 年至今，阿里巴巴集团对

① 阿里巴巴集团官网，历史与里程碑，http：//www.alibabagroup.com/cn/about/history。

外直接投资区域集中在亚洲和北美洲，其次是欧洲。东道国以美国、印度和新加坡为主。三国合计吸引阿里巴巴集团投资项目近70%。对美国投资主因是美国电商市场充满发展潜力，阿里巴巴集团需与当地企业建立联系，特别是与初创企业合作，实现其国际化战略，解决旗下天猫和淘宝不适应国外市场问题。阿里巴巴集团对印度投资受印度内部市场规模与IT技术外包优势影响，资本进入以电子商务及支付方式为主（李国洋和方旖旎，2017）。

第三，投资方式以并购为主。阿里巴巴集团的投资偏好为对符合公司战略布局的新兴及成熟公司进行投资或并购，以战略并购为主，且偏好多次追加。一方面，阿里巴巴集团净利润和自由现金逐年攀升，其资金实力足以支持高额战略并购；另一方面，对于阿里巴巴集团这样的互联网企业进行对外直接投资时，并购比新建的风险小很多。此外，东南亚及南亚各国是全球经济增长速度最快的地区，鉴于在这些地区阿里巴巴集团所投资公司发展良好，阿里巴巴集团对这些公司多次增持股权（李国洋和方旖旎，2017）。

2. 阿里巴巴集团并购 LAZADA

LAZADA集团于2012年第4季度投入运营，被并购时已成为东南亚地区领先的在线购物平台，覆盖了印度尼西亚、马来西亚、菲律宾、泰国、新加坡等国家。LAZADA集团的企业战略为，占领东南亚电商市场，其商业模式包括B2C、C2C服务、电商交易平台，支付方式和物流方案。LAZADA网是集团的B2C电子商务平台，被誉为"东南亚地区的亚马逊"，在该平台上，消费者可以买到各种商品。

2014年底，LAZADA的前控股公司Rocket Internet（德国创业公司孵化器）在发展过程中遇到了挑战。Rocket Internet希望成为除美国、中国之外最大的互联网平台，但阿里巴巴集团在2014年9月份上市后宣布将要把其电子商务业务拓展到国际市场，这意味着Rocket Internet在东南亚市场的市场份额岌岌可危。虽然当时Rocket Internet旗下的LAZADA还未盈利，但实现了惊人的增长，在印度尼西亚、马来西亚和新加坡达到了领先的地位。Rocket Internet的优势在于将已经被市场证实有效的商业模式推广到新的市场中，但是在行业已经高度竞争的情况下，它的持续发展优势相对而言较为欠缺。在衡量了相关的现状和挑战之后，Rocket Internet 选择了将股份卖给阿里巴巴集团，成功地退出了电商领域的竞争。2016 年 4 月阿里巴巴集团以约 10 亿美元并购 LAZADA 的控股股权，并购 LAZADA 推动了阿里巴巴集团的国际化布局。

从阿里巴巴集团并购 LAZADA 的动机来看，主要是为了更好地开拓阿里巴巴集团的境外市场，扩大产品出口规模，并进一步提高其在国际市场上的核心竞争力。首先，并购发生时，国内 C2C 市场规模增速放缓，而 B2C 市场正在爆发式增长，阿里巴巴集团当时的主要收入来源仍是 C2C 业务，即淘宝网，其 B2C 市场规模还不足以保证其电商领先地位不被威胁。因此，开辟境外市场来扩大规模势在必行。而东南亚的中产阶级人群规模、智能设备使用率、互联网规模不断上升，意味着该区域是一个很好的目的地，蕴含着巨大的市场潜力。通过此次并购，阿里巴巴集团省时省力地在 6 个东南亚国家的电商领域占据领先的地位。这次并购给双方带来了一定的协同效应：LAZADA 可以利用阿里云来减少技术成本，阿里巴巴集团可以依托 LAZADA 进入东南亚市场，推广支付宝平台，提高阿里巴巴集团的国际知名度，为其进一步国际化做准备（THONGCHAISIRISAKUL. P，2017）。

其次，阿里巴巴集团的并购活动能够更加有效地推动出口规模的增长。随着中国经济的增速放缓，淘宝和天猫平台销量的持续增长也遇到阻力，而新打开的东南亚市场将为中国商家提供数亿的客户群体，为持续发展注入活力。此举对于中国经济的发展也具有重要的意义，因为阿里巴巴集团通过并购 LAZA-DA，也为中国企业打开了一个出口的渠道，将提高我国对东南亚的出口规模，刺激 GDP 的增长（THONGCHAISIRISAKUL. P，2017）。

最后，阿里巴巴集团自身发展也需要更多元的盈利模式，通过境外并购可以进一步提升核心竞争力。虽然东南亚的网购市场有着巨大的潜力，但是电商行业仍受制于一系列的因素，例如市场分散、基础设施落后、物流发展慢、网络连接不佳和支付体系落后等，尤其是落后的物流环境和支付体系仍会成为两个关键的限制因素。阿里巴巴集团通过并购 LAZADA 进入东南亚市场，将给东南亚带来其在电商市场领域的经验和技术。阿里巴巴集团可以依靠 LAZADA 现有的物流和支付体系，进入东南亚这一块前景无限的市场。对于 LAZADA 来说，它能够获得阿里巴巴集团的金融和技术支持，得以在这样一个分散和高度竞争的市场中获得进一步发展（THONGCHAISIRISAKUL. P，2017）。

8.5 小结

  并购是企业生产经营过程中扩大生产规模，提高核心竞争力的重要手段，也是对行业内资源进行重新整合与分配的有效方案，在中国经济改革过程中发挥着重要的作用。在中国企业"走出去"的过程中，通过境外并购，不仅能够促进优质资源的灵活转移和集中，也能够实现不同企业之间的优势互补、协同发展。成功的境外并购往往是"双赢"的，不仅能够扩大企业境外市场规模，推动全球战略目标的实施，也能更好地发挥当地企业的行业优势。

  但是，不可忽视的是并购存在风险，而境外并购要考虑更多方面的风险。对于"一带一路"沿线国家的境外并购实践来说，政治、经济、文化、支付、法律等诸多方面都可能存在一定风险。这就要求"走出去"的企业能够有效防范风险，具备一定的市场敏感性、洞察力和抵御风险的能力。在完成并购之后，也要从企业内部的经营战略、投资模式、组织制度、人员安排、企业文化、团队建设等方面积极进行相应调整。

  随着中国经济的恢复和发展，中国企业"走出去"的过程还将不断遇到各种机遇和挑战。对于企业而言，必须做好充分的准备，不仅能够"走出去"，而且要"走得好"，在"一带一路"建设中发挥重要的作用。随着中国经济快速发展和转型升级，民营经济逐渐成为国民经济增长中重要的活力。民营企业在"一带一路"沿线国家的对外投资中发挥重要作用的主要原因，一方面是迎合市场需求，民营企业提供的产品和服务能够满足沿线国家居民的切实需求，改善百姓生活。另一方面，民营企业在市场活动中更为灵活，能够充分发挥企业家精神，灵活应对市场需求，创新合作模式。但是，民营企业在"走出去"过程中也面临诸多困难和挑战，例如，对于相关国家在政治、经济、环境和法律法规不健全等问题上带来的风险，民营企业的应对能力可能较弱。

第9章
总结与展望

9.1 总结

本书的主要工作和价值体现在以下几方面：

（1）梳理总结关于国家风险识别与评估、对外直接投资行业选择与投资模式决策的研究，并进一步丰富现有研究成果。通过将对外投资产业选择和投资模式选择理论进行梳理，总结现有研究进展。本书的研究从政治、经济、社会和技术四个方面对"一带一路"沿线国家和地区的国家风险进行评估。基于"宏观层面进行国家风险识别—中观层面进行产业方向研判—微观层面进行投资模式确定"的分析框架，利用"理论分析—实证研究—案例分析"的研究方法展开深入研究。

（2）实证分析"一带一路"沿线国家和地区的投资产业方向和投资模式选择。在分析对外投资产业选择基础上，重点从东道国的资源禀赋、市场规模、创新能力和对母国的战略地位这四个角度，利用灰色关联分析法和显示性比较优势指数测算，研究了中国在"一带一路"沿线国家和地区的投资产业方向。研究结果表明，东道国市场因素、资源禀赋因素及战略因素显著影响中国企业在"一带一路"沿线对外直接投资的产业选择。中国首先对外投资交通运输、仓储和邮政业最有利于中国国内的产业结构升级，其次是采矿业和金融业。目前，中国相对于沿线国家的比较优势在于工业制成品，在初级产品方面，绝大多数国家的初级产品具有比较优势；与初级产品相比，工业制成品方面的比较优势较弱。在投资模式的确定方面，研究结果表明，中国与东道国的政治距离越大，企业越倾向于选择并购的投资模式；在股权方式的选择上，企业更倾向于独资；中国与东道国的文化距离越大，企业越倾向于选择绿地合资的投资模式，即绿地优于并购，合资优于独资；中国与东道国的管制距离越大，企业越倾向于选择绿地合资的投资模式，即绿地优于并购，合资优于独资；中国与东道国的规范距离越大，企业越倾向于选择并购的投资模式；在股权方式的选择上，企业更倾向于独资。

（3）以中国企业"走出去"的实践案例，为"一带一路"建设中的企业提供决策参考。中国企业"走出去"的过程中积累了丰富的经典案例和实践经验，能够为解决在"一带一路"建设过程中遇到的困难提供借鉴和启示。本书总结了部分国有企业和民营企业的境外投资案例，分析了兼并重组过程中的机遇、困难和企业的解决方案。新的历史机遇期，中国企业在"一带一路"建设过程中也在不断进行新的尝试，境外经贸合作区和对外承包工程项目建设是"一带一路"建设过程中重要的投资合作模式，发展至今已经积累了丰富的经验，本书也对此进行了探讨。

9.2 研究展望

从现有研究来看，本书的研究存在一定的不足之处，故希望能够在后续的研究中不断补充和完善。

一方面，在对国家风险进行测算的过程中，现有的研究成果在国家风险的分类方面并未形成统一的分析体系，本书的研究也只是在现有研究成果基础上，综合考虑数据等因素，最终选取了四个主要方向。和现有的研究成果一样，虽然能够对国家风险进行整体把握和研判，但是并不能全面地呈现国家风险。

另一方面，数据可得性和严谨性也是制约研究进展的重要影响因素。现有的公开数据不断丰富和完善，但是数据统计口径和核算方式的差异都会对研究成果造成一定影响。在未来的研究中，如果能够尝试利用大数据手段获取更加多元化的数据，在一定程度上弥补传统统计数据的不足，会形成更有价值的研究成果。

同时，本书涵盖的内容较为丰富，尤其是在案例分析方面涉猎多个行业和多家企业，但是缺乏对具体案例的细致化跟进和深入性解读。未来的研究中，将会通过更多调研和持续关注增强案例分析的深入性与精准性。

参 考 文 献

［1］卜伟、易倩:《OFDI 对中国产业升级的影响研究》载于《宏观经济研究》,2015 年第 10 期,第 54～61 页。

［2］曹培:《浅析企业并购的影响与启示——基于中石化并购 Addax 公司的案例研究》载于《商》,2016 年第 3 期,第 91 页。

［3］柴锐:《联想与华为国际化经营对比分析》,吉林大学硕士学位论文,2017 年。

［4］陈怀超、范建红、牛冲槐:《基于制度距离的中国跨国公司进入战略选择:合资还是独资?》载于《管理评论》,2013 年第 25(12)期,第 98～111 页。

［5］陈怀超、范建红:《制度距离下中国跨国公司并购与绿地的选择——基于组织合法性的视角》载于《世界经济研究》,2013 年第 12 期,第 53～59 页,第 85～86 页。

［6］陈瑞剑、张陆彪、柏娜:《海外并购推动农业走出去的思考》载于《农业经济问题》2017 年第 38(10)期,第 62～68 页。

［7］陈松、刘海云:《东道国治理水平对中国对外直接投资区位选择的影响——基于面板数据模型的实证研究》载于《经济与管理研究》,2012 年第 6 期。

［8］程惠芳、阮翔:《用引力模型分析中国对外直接投资的区位选择》载于《世界经济》,2004 年第 11 期。

［9］程如轩、卢二坡:《产业结构优化升级统计指标体系初探》载于《中国统计》,2001 年第 7 期,第 18～17 页。

［10］程时雄、刘丹:《企业异质性、东道国特征与对外直接投资进入模

式选择》载于《经济经纬》，2018 年第 35（4）期，第 50~58 页。

［11］丁蔚琳：《中国企业海外投资模式比较分析》，华中科技大学硕士学位，2010 年。

［12］杜晓君、刘赫：《基于扎根理论的中国企业海外并购风险的识别研究》载于《管理评论》，2012 年第 4 期，第 18–27 页。

［13］段晨曦：《印度尼西亚、叙利亚国家风险研究》，天津大学，2017.

［14］方旖旎：《"一带一路"战略下中国企业对海外直接投资的风险评估》载于《现代经济探讨》，2016 年第 1 期。

［15］冯志坚、谭忠真：《对外直接投资与产业升级——基于母国视角的理论分析》载于《玉溪师范学院学报》，2007 年第 11 期，第 58~62 页。

［16］付韶军、孙强：《中国对外直接投资与东道国技术进步的关系检验——基于"一带一路"沿线 21 国研究》载于《财会月刊》，2017 年第 27 期，第 122~128 页。

［17］高振、江若尘：《跨国公司国际市场建立模式研究综述：1980–2013》载于《经济管理》，2014 年第 36（7）期，第 176~187 页。

［18］葛顺奇、罗伟：《中国制造业企业对外直接投资和母公司竞争优势》载于《管理世界》，2013 年第 6 期，第 28~42 页。

［19］关辉、谢颖：《品牌国际化概念和内涵的界定及模式分析》载于《黑龙江对外经贸》，2006 年第 10 期，第 52~53 页，第 101 页。

［20］郭烨、许陈生：《双边高层会晤与中国在"一带一路"沿线国家的直接投资》载于《国际贸易问题》，2016 年第 2 期，第 26~36 页。

［21］韩萍：《"一带一路"倡议下中国企业海外投资风险评估与对策研究》载于《价格月刊》，2018 年第 2 期，第 83~88 页。

［22］何本芳、张祥：《我国企业对外直接投资区位选择模型探索》载于《财贸经济》，2009 年第 2 期，第 96~101 页。

［23］贺书锋、郭羽诞：《中国对外直接投资区位分析：政治因素重要吗?》载于《上海经济研究》，2009 年第 3 期，第 3~10 页。

［24］胡凯、刘茜：《中国企业的跨国并购：动因驱动与风险分析——以海尔并购通用家电为例》载于《上海商学院学报》，2018 年第 19（2）期，第

21~27 页。

　　[25] 黄海峰：《华为收购"华赛"支撑企业业务战略企业 BG 计划扩充至 3 万人——对话华为企业业务营销总裁何达炳》载于《通信世界》，2011 年第 43 期，第 35 页。

　　[26] 黄凌云、王军：《中国对外投资企业跨国投资模式选择及其对劳动者的影响》载于《国际贸易问题》，2016 年第 6 期，第 130~142 页。

　　[27] 贾震奇：《联想海外直接投资战略分析》载于《改革与理论》，2003 年第 6 期，第 56~58 页。

　　[28] 江小涓、杜玲：《国外跨国投资理论研究的最新进展》载于《世界经济》，2001 年第 6 期，第 71~77 页。

　　[29] 姜博文：《海外并购风险与控制研究》，首都经济贸易大学硕士学位论文，2018 年。

　　[30] 蒋冠宏、蒋殿春：《绿地投资还是跨国并购：中国企业对外直接投资方式的选择》载于《世界经济》，2017 年第 40（7）期，第 126~146 页。

　　[31] 蒋冠宏、蒋殿春：《中国对发展中国家的投资——东道国制度重要吗?》，载于《管理世界》，2012 年第 11 期。

　　[32] 蒋冠宏：《中国企业对"一带一路"沿线国家市场的进入策略》载于《中国工业经济》，2017 年第 9 期。

　　[33] 金玲：《"一带一路"：中国的马歇尔计划?》，载于《国际问题研究》，2015 年第 1 期。

　　[34] 雷鹏：《我国对外直接投资战略与产业选择》，载于《上海经济研究》，2012 年第 24（6）期，第 23~33 页，第 50 页。

　　[35] 黎梦华：《阿里巴巴集团的国际竞争力研究》，黑龙江大学硕士学位论文，2015 年。

　　[36] 李东东：《中国海尔集团海外投资战略研究》，青岛科技大学硕士学位论文，2008 年。

　　[37] 李逢春：《中国对外直接投资推动产业升级的区位和产业选择》，载于《国际经贸探索》，2013 年第 29（2）期，第 95~102 页。

　　[38] 李国平：《对外直接投资的区位选择与基本分析框架》，载于《北京

大学学报（哲学社会科学版）》，2000 年第 1 期。

［39］李国洋、方旖旎：《互联网企业对外直接投资路径研究——以阿里巴巴集团为例》，载于《创新科技》，2017 年第 12 期，第 60 ~ 61 页。

［40］李坤：《中国对"一带一路"国家直接投资的产业选择研究》，湖北大学博士学位论文，2016 年。

［41］李立、李东东、刘晓威：《海尔海外投资的战略成本与收益》，载于《青岛科技大学学报（社会科学版）》，2007 年第 1 期，第 21 ~ 26 页。

［42］李璐男、李志萍：《文化距离、制度距离对跨境风险投资进入模式的影响》，载于《软科学》，2017 年第 31（9）期，第 16 ~ 19 页，第 78 页。

［43］李勤昌、许唯聪：《中国对"一带一路"区域直接投资的产业选择》，载于《大连海事大学学报（社会科学版）》，2017 年第 16（4）期，第 72 ~ 80 页。

［44］李雅萱：《海尔的国际化战略——"钻石模型"的成功应用》，载于《时代经贸（下旬刊）》，2008 年第 9 期，第 192 ~ 193 页。

［45］梁静波：《我国对外直接投资行业分布结构性失衡的内在成因及调整方向》，载于《经济纵横》，2012 年第 11 期，第 6 ~ 8 页，第 108 页。

［46］廖萌：《"一带一路"建设背景下中国企业"走出去"的机遇与挑战》，载于《经济纵横》，2015 年第 9 期，第 30 ~ 33 页。

［47］刘宏、苏杰芹：《中国对外直接投资现状及存在问题研究》，载于《国际经济合作》，2014 年第 7 期，第 37 ~ 41 页。

［48］刘宏、赵晓敏：《中国对外直接投资的现状与问题研究》，载于《国际贸易》，2012 年第 11 期，第 17 ~ 21 页。

［49］刘剑钊、姚程飞：《中国对外直接投资的产业选择与区位选择分析》，载于《辽宁师范大学学报（社会科学版）》，2012 年第 35（5）期，第 614 ~ 618 页。

［50］刘坪：《不同类型中国企业的海外并购融资方式研究——基于 10 个案例的分析》，北京交通大学硕士学位论文，2014 年。

［51］刘晓妹、董国平：《"一带一路"背景下我国港口企业的融资模式》，载于《交通财会》，2015 年第 7 期，第 75 ~ 79 页，第 83 页。

[52] 刘昕界:《我国企业对外直接投资动因与区位选择》,华南理工大学硕士学位论文,2018 年。

[53] 柳卸林、吴晟、朱丽:《华为的海外研发活动发展及全球研发网络分析》,载于《科学学研究》,2017 年第,35(6)期,第 834～841 页,第 862 页。

[54] 卢进勇、闫实强:《中国企业海外投资模式比较分析》,载于《国际经济合作》,2005 年第 3 期,第 24～29 页。

[55] 卢天一:《阿里巴巴集团国际化战略研究》,兰州财经大学硕士学位论文,2015 年。

[56] 鲁桐:《中国企业海外经营:对英国中资企业的实证研究》,载于《世界经济》,2000 年第 4 期,第 14 页。

[57] 鲁锡杰:《中国农业企业境外并购研究——以光明集团、中粮集团为例》,载于《世界农业》,2018 年第 6 期,第 176～182 页。

[58] 吕聪、毛肖雯、宣文尧:《关于联想和海尔国际化战略的浅析》,载于《旅游纵览(行业版)》,2011 年第 5 期,第 124 页,第 126 页。

[59] 聂晖:《中国对外直接投资对母国产业结构的影响效应分析》,湖南大学硕士学位论文,2009 年。

[60] 潘镇、金中坤:《双边政治关系、东道国制度风险与中国对外直接投资》,载于《财贸经济》,2015 年第 6 期,第 85～97 页。

[61] 齐欣:《跨国公司专利战略分析与应对策略构建》,载于《国际经贸探索》,2004 年第 5 期,第 65～69 页。

[62] 邱奇:《"一带一路"战略助推中国产业资本输出》,载于《理论视野》,2015 年第 8 期,第 74－76 年。

[63] 邱镛妃:《中国企业海外并购战略研究》,福建师范大学硕士学位论文,2006 年。

[64] 申万、柴玮、张广军:《中国对外化石能源投资特征和现状分析》,载于《亚太经济》,2014 年第 4 期,第 105～109 页。

[65] 宋利芳、武皖:《东道国风险、自然资源与国有企业对外直接投资》,载于《国际贸易问题》,2018 年第 3 期,第 149～162 页。

［66］宋勇超：《"一带一路"战略下中国企业对外直接投资模式研究——基于多元 Logit 模型的实证分析》，载于《软科学》，2017 年第 31（5）期，第 66～69 页。

［67］孙笑华：《发展中国家和地区外资并购情况及其启示》，载于《国际经济合作》，2004 年第 12 期，第 28～32 页。

［68］谭畅：《"一带一路"战略下中国企业海外投资风险及对策》，载于《中国流通经济》，2015 年第 7 期，第 114～118 页。

［69］田力：《成功收购 Addax 石油公司中石化海外并购迈出重要一步》，载于《中国石油和化工》，2009 年第 9 期，第 32 页。

［70］田学豪：《我国企业对外直接投资风险分析》，天津商业大学硕士学位论文，2017 年。

［71］汪琦：《对外直接投资对投资国的产业结构调整效应及其传导机制》，载于《国际贸易问题》，2004 年第 5 期。

［72］王春法、姜江：《FDI 与内生技术能力培育：中国案例研究》，载于《高科技与产业化》，2005 年第 21 期，第 56～59 页。

［73］王芳：《中国 3C 企业跨国战略联盟路径选择案例研究》，东北财经大学硕士学位论文，2013 年。

［74］王海军、姜磊、伍文辉：《国家风险与对外直接投资研究综述与展望》，载于《首都经济贸易大学学报》，2011 年第 13（5）期，第 83～89 页。

［75］王慧：《"一带一路"背景下零售企业国际化与商业模式创新》，载于《商业经济研究》，2017 年第 22 期，第 105～107 页。

［76］王军、黄卫冬：《东道国制度质量对中国 OFDI 的影响》，载于《产业经济评论》，2016 年第 6 期，第 50～61 页。

［77］王义桅：《"一带一路"机遇与挑战》，人民出版社 2015 年版。

［78］王永钦、杜巨澜、王凯：《中国对外直接投资区位选择的觉得因素：制度、税负和资源禀赋》，载于《经济研究》，2014 年第 12 期。

［79］王志超：《华为在美投资的案例研究》，山东大学硕士学位论文，2014 年。

［80］王志强：《青岛海尔并购通用家电案例研究》，华南理工大学学位论

文，2018 年。

[81] 王梓、陈鸿佳：《华为与海尔的跨国经营战略比较》，载于《现代经济信息》，2015 年第 14 期，第 149～150 页。

[82] 吴敏华：《中国企业海外投资进入方式选择：基于海尔与联想案例的比较研究》，载于《世界经济研究》，2008 年第 11 期，第 49～53 页，第 88 页。

[83] 肖文、姜建刚：《高层领导政治互动与中国 FDI 规模及相对波动》，载于《国际经贸探索》，2014 年，第 30（11）期，第 30～41 页。

[84] 谢冬梅、杨义、贾宪洲：《中国企业对外直接投资模式选择路径分析——基于文化差异、交易成本和投资动因的综合模型》，载于《技术经济》，2016 年第 35（2）期，第 94－101 页。

[85] 谢孟军、郭艳茹：《法律制度质量对中国对外直接投资区位选择影响研究——基于投资动机视角的面板数据实证检验》，载于《国际经贸探索》，2013 年第 29（6）期，第 107～118。

[86] 熊彬、王梦娇：《基于空间视角的中国对"一带一路"沿线国家直接投资的影响因素研究》，载于《国际贸易问题》，2018 年第 2 期，第 102～112 页。

[87] 许晖：《中国企业国际化风险识别与控制研究》，科学出版社 2010 年版。

[88] 宣国良、扬建一、郝葆华：《跨国投资国家风险的计算机辅助决策评价系统》，载于《系统工程理论方法应用》，1995 年第 3 期，第 36～42 页。

[89] 宣国良、杨建一、郝葆华：《跨国投资的国家风险决策评价系统》，载于《工业工程与管理》，1997 年第 1 期，第 30～33 页。

[90] 薛力：《中国"一带一路"战略面对的外交风险》，载于《国际经济评论》，2015 年第 2 期。

[91] 杨勃：《外来者身份、外来者劣势及其克服策略》，东北大学硕士学位论文，2013 年。

[92] 杨建清：《我国开展对外直接投资的理论基础探析》，载于《当代财经》，2004 年第 5 期，第 105～108 页。

[93] 杨娇辉、王伟、王曦：《我国对外直接投资区位分布的风险偏好：悖论还是假象》，载于《国际贸易问题》，2015 年第 5 期，第 133～144 页。

[94] 杨丽：《中国企业 OFDI 进入模式选择》，山东大学硕士学位论文，2014 年。

[95] 杨思灵：《"一带一路"倡议下中国与沿线国家关系治理及挑战》，载于《南亚研究》，2015 年第 2 期。

[96] 杨蔚：《国际化战略的经验与启示——以海尔为例》，载于《山东经济》，2010 年第 26（4）期，第 44～47 页。

[97] 杨勇、梁辰、胡渊：《文化距离对中国对外直接投资企业经营绩效影响研究——基于制造业上市公司微观数据的实证分析》，载于《国际贸易问题》，2018 年第 6 期，第 27～40 页。

[98] 余官胜：《民营企业对外直接投资决策内部影响因素——基于温州微观层面企业数据的实证研究》，载于《北京工商大学学报（社会科学版）》，2015 年第 30（4）期，第 42～48 页。

[99] 余莹：《中国对外基础设施投资模式与政治风险管控——基于"一带一路"地缘政治的视角》，载于《经济问题》，2015 年第 12 期，第 8～14 页。

[100] 袁宁：《中建海外第一次并购的成功运作》，载于《建筑》，2014 年第 20 期，第 85～86 页。

[101] 袁其刚、邰晨：《企业对东盟直接投资的政治风险分析》，载于《国际商务（对外经济贸易大学学报)》，2018 年第 3 期，第 122～136 页。

[102] 袁新涛：《"一带一路"建设的国家战略分析》，载于《理论月刊》，2014 年第 11 期，第 5～9 页。

[103] 翟玉胜、胡慧远：《基于"一带一路"战略的中国能源企业对外投资模式选择》，载于《决策参考》，2017 年第 12 期，第 63～67 页。

[104] 詹小颖：《我国对外直接投资的产业选择研究——基于产业结构优化视角》，载于《特区经济》，2010 年第 3 期，第 271～273 页。

[105] 张海亮、骆红：《企业金融化与海外并购财务风险》，载于《企业经济》，2018 年第 37（8）期，第 84～90 页。

[106] 张昊:《海尔集团海外投资战略分析》,载于《知识经济》,2017年第 5 期,第 106~107 页。

[107] 张建刚、张云凤、康宏:《产融结合视角下我国金融业沿"一带一路"走出的思考》,载于《国际贸易》,2018 年第 3 期,第 56~60 页。

[108] 张建红、姜建刚:《双边政治关系对中国对外直接投资的影响研究》,载于《世界经济与政治》,2012 年第 12 期,第 133~155 页,第 160 页。

[109] 张君:《中石化创下中国公司海外收购最大单历史》,载于《中国经贸》,2009 年第 9 期,第 46~47 页。

[110] 张理娟、张晓青、姜涵、刘畅:《中国与"一带一路"沿线国家的产业转移研究》,载于《世界经济研究》,2016 年第 6 期,第 82~92 页,第135 页。

[111] 张明:《中国企业"走出去"要注重国家风险的评估和防范》,载于《中国对外贸易》,2017 年第 5 期,第 50~51 页。

[112] 张世喜:《中国石油企业跨国投资战略分析》,北京交通大学硕士学位论文,2005 年。

[113] 张笑川:《IT 企业并购动因及其绩效评价》,广东财经大学硕士学位论文,2017 年。

[114] 张一弛:《我国两岸三地对美直接投资的进入模式:一项基于数据的分析报告》,载于《管理世界》,2003 年第 10 期,第 33~39 页。

[115] 张媛飞:《中粮集团海外并购尼德拉农业案例研究》,载于《现代营销(下旬刊)》,2017 年第 6 期,第 32 页。

[116] 张蕴岭:《"一带一路"建设面临的挑战》,载于《党政论坛》,2015 年第 5 期。

[117] 章昌裕、任思颖:《中国对外直接投资区位和产业选择分析》,载于《管理现代化》,2012 年第 3 期,第 12~14 页。

[118] 赵杰:《中国企业海外投资研究》,中共中央党校博士学位论文,2014 年。

[119] 赵伟、古广东:《当代跨国并购浪潮与中国企业"走出去"》,载于《国际经济合作》,2004 年第 10 期。

［120］赵洲:《"一带一路"战略下境外直接投资的风险框定研究——基于国际法的识别与分析》,载于《华侨大学学报(哲学社会科学版)》,2015年第6期。

［121］中国现代关系研究院:《"一带一路"读本》,时事出版社2015年版。

［122］中国信保国家风险研究中心:《"一带一路"沿线国家风险分析报告》,《国家风险分析报告》,2015年。

［123］周国兰、周吉、季凯文:《"一带一路"倡议下中国对外投资的产业选择》,载于《企业经济》,2017年第36(9)期,第72~79页。

［124］周经、刘厚俊:《制度距离、人力资源与跨国企业对外投资模式选择》,载于《财贸研究》,2015年第26(1)期,第73~79页

［125］周茂、陆毅、陈丽丽:《企业生产率与企业对外直接投资进入模式选择——来自中国企业的证据》,载于《管理世界》,2015年第11期,第70~86页。

［126］周师迅:《中国企业跨境并购的外部风险与对策研究》,载于《世界经济研究》,2017年第5期,第78~84页,第136页。

［127］周伟:《我国企业创造性资产寻求型FDI的最新动向研究——基于联想跨国并购IBM PC业务的案例分析》,载于《科技与管理》,2006年第1期,第17~20页。

［128］Al-Kaabi, M, Demirbag, M. and Tatoglu, E. "International Market Entry Strategies of Emerging Market MNEs : A Case Study of Qatar Telecom", Journal of East-West Business, 2010 (16): 146 – 170.

［129］Belay Seyoum. The Impact of Intellectual Property Rights on Foreign Direct Investment. Columbia Journal of World Business, 1996, 31 (1): 50 – 59.

［130］Bourke P, Shanmugam B. An Introduction to Bank Lending ［M］. Addison-Wesley Business Series, 1990.

［131］Brewer T L, Rivoli P. Politics and Perceived Country Creditworthiness in International Banking. Journal of Money, Credit and Banking, 1990 (22): 357 – 369.

[132] Buckley, Peter & Jeremy Clegg, L & Cross, Adam & Liu, Xin & Voss, Hinrich & Zheng, Ping. The Determinants of Chinese Outward Foreign Direct Investment. Journal of International Business Studies. 2007, 38 (4): 499 –518.

[133] Carpenter S, Vellat M. The application of a Planned Economy Country Risk Model to the assessment of market entry into the Chinese banking sector. Journal of Financial Services Marketing, 2009, 13 (4): 345 –356.

[134] Cho, K. R. and Padmanabhan, P. Acquisition versus New Ventures: The Choice of Foreign Establishment Mode by Japanese Firms. Journal of International Management, 1995, 1 (3): 255 –285.

[135] Citron J. T., Neckelburg G. Country Risk and Political Instability. Journal of Development Economics, 1987 (25): 385 –395.

[136] Claudio Borio. BIS Quarterly Review [R]. Basel, Switzerland: BIS,2004.

[137] Click R W. Finacial and Political Risks in US Direct Foreign Investment. Journal of International Business Studies, 2005, 35 (6): 559 –576.

[138] Comanor W S. Vertical Mergers, Market Powers, and the Antitrust Laws. American Economic Review, 1967, 57 (2): 254 –265.

[139] Conner, K. R. A Historical Comparison of Resource-based Theory and Five Schools of Thought within Industrial Organization Economics: Do We Have a New Theory of the Firm?. Journal of Management, 1991 (17): 121 –154.

[140] Curtis S. Signorino, Jeffrey M. Ritter. Taub or Not Tau-b: Measuring the Similarity of Foreign Policy Positions. International Studies Quarterly, 1999, 43 (1).

[141] Das K C. Home Contry Determinants of Outward FDI From Devloping-Countirds. Margin: The Journal of Applied Economic Research, 2013, 7 (1): 93 –116.

[142] Desbordes, P. and Vicard, V., "Foreign Direct Investment and Bilateral Investment Treaties: An International Politic Perspective," Journal of Comparative Economics 2009, 37: 372 –386.

[143] Dikova D. and Brouthers, K. D. Establishment Mode Choice: Acquisi-

tion versus Greenfield Entry. in Kotabe and Helsen （eds.）: SAGE Handbook of International Marketing. London: Sage Publications, 2009.

［144］ Douglas Nigh, "Political Events and the Foreign Direct Investment Decision: An Empirical Examination," Managerial and Decision Economics, 1986, 7 （2）: 99 – 106.

［145］ Duncan H Meldrum. Country Risk and Foreign Direct Investment. Business Economics, 2000 （2）: 11 – 20.

［146］ Dunning J H. Trade, Location of Economic Activity and the MNE: A Search for an Eclectic Approach. International Allocation of Economic Activity, 1977 （1023）: 203 – 205.

［147］ Egger P, Winner H. Evidence on Corruption as an Incentive for Foreign Direct Investment. European Journal of Political Economy, 2005 （21）: 932 – 952.

［148］ Gereffi G. International Trade and Upgrading in the Apparel Commodity Chain. Journal of International Economics, 1999 （48）: 37 – 70

［149］ Gomes-Casseres, B. Ownership structures of foreign subsidiaries: Theory and evidence. Journal of Economic Behavior and Organization, 1989, 11 （1）: 1 – 25.

［150］ Hammer P. L. Country Risk Rating: Statistical and Combinational Non-recursive Models. Rutcor Research Report, Rutgers Center for Operations Research Rutgers University, 2004.

［151］ Harri Ramchaman. Foreign Direct Investment and Country Risk: Further Empirical Evidence. Global Economic Review, 1999, 28 （3）: 49 – 59.

［152］ Hennart, J. F. The transaction cost theory of joint ventures: An empirical study of Japanese subsidiaries in the United States . Management Science, 1991, 37 （4）: 483 – 497.

［153］ Hensiz W J. The Institutional Environment for Economic Growth. Economics and Politics, 2000 （12）: 1 – 31.

［154］ Hill C. W. L. , Hwang P, and Kim W. C. "An Eclectic Theory of the Choice of International Entry Mode", Strategic Management Journal 1990, 11 （2）:

117 – 128.

[155] Humphrey J. , Schmitz H. How Dose Insertion in Global Value Chiains Affect Upgrading in Industeial Cluster. Regional Studies, 2009 (36).

[156] Hymer S. The International Operation of National Firms: a Study of Direct Foreign Investment, Cambridge, Mass. MIT Press, 1976: 67 – 74.

[157] Jacob Stock, China's Road Rules: Beijing Looks West Toward Eurasian Integration, In Foreign Affairs, July, 2016.

[158] Kastner S L. When Do Conflicting Political Relations Affect International Trade?. The Journal of Conflict Resolution, 2007, 51 (4): 664 – 688.

[159] Kayam S S. Home Market Determinats of FDI Outflows from Developing and Transition Economics MPRA Paper No. 16781, 2009.

[160] Kogut, B. and Singh, H. The Effect of National Culture on the Choice of Entry Mode. Journal of International Business Studies, 1988 (32): 641 – 665.

[161] Kolstad I, Wiig A. What determines Chinese outward FDI?. Journal of World Business, 2012, 47 (1): 26 – 34.

[162] Kostova T. Transnational Transfer of Strategic Organizational Practices: A Contextual Perspective [J]. Academy of Management Review, 1996, 24 (2): 308 – 324.

[163] Levary R, Wan K. An Analytic Hierarvhy Process Based Simulation Model for Entry Mode Decision Regarting Foregin Direct Investment. The International Journal of Management Science, 1999 (27): 661 – 677.

[164] Li Quan and Liang, Guo yong. Political Relations and Chinese Outbound Direct Investment: Evidence from Firm-and Dyadic-Level Tests (February 1, 2012). Research Center for Chinese Politics and Business Working Paper. 2012, 19.

[165] Lilia Maliar, Serguei Maliar. Sovereign Risk, FDI Spillovers, and Growth. Review of International Economics, 2008, 16 (3): 463 – 477.

[166] Mike Chen-Ho Chao, Vikas Kumar. The impact of institutional distance on the international diversity-performance relationship. Journal of World Business,

2009, 45（1）.

［167］Nigh, D. and Schollhammer, H. "Foreign Direct Investment, Political Conflict and Co-Operation: The Asymmetric Response Hypothesis". Managerial and Decision Economics 1987, 8（4）: 307 – 312.

［168］Olivier Bertrand, Marie-Ann Betschinger, Alexander Settles. The relevance of political affinity for the initial acquisition premium in cross-border acquisitions. Strategic Management Journal, 2016, 37（10）.

［169］Ozawa. Foreign Direct Impertinent and Economic Development. Transnational Corporations, 1992（1）: 27 – 54.

［170］Ramey G, Ramey V. A. Cross-country Evidence on the Link between Volatility and Gorw. American Economic Review, 1995（85）: 1138 – 1151.

［171］Singh H, K Jun. Some New Evidence on Determinants of Foreign Direct Investment in Developing Countries. Washington: the World Bank. 1995, World Bank Policy Research Paper No. 1531.

［172］THONGCHAISIRISAKUL. P. 电商企业海外并购的动因和风险分析. 浙江大学, 2017.

［173］Yates J F. Stone E R. The Risk Construct. In Yates J F. Risking Taking Behavior. Wiley, 1992: 1 – 25.

［174］Yothin Jinjarak. Foreign Direct Investment and Macroeconomic Risk. Journal of Comparative Economics, 2007（35）: 509 – 519.

［175］Zopounidis C. A Multicriteria Decision Aid Methodology for the Assessment of Country Risk. Investigations Europe de Direction y Economic de la Impressively 1997, 3（3）: 13 – 33.